李明洁

上海書店出版社
SHANGHAI BOOKSTORE PUBLISHING HOUSE

序：来时莫徘徊

我第一次见到明洁是在十五年前一个仲春的上午。

那天我去旁听她的专业选修课“社会语言学”——非常热门，没能抢到。在十点钟虚虚浮浮的日光中，她走进教室。长长的卷发、温柔的灰色系毛衣与长裙仿佛带着拖影，尚未能在这恍惚中醒来，一把爽利的声音已将课堂开始。我从未见世间有一人如此的优雅，更从未见有人能把这优雅与智慧举重若轻地化成了这样清澈犀利的讲述。

后来，被语言学这门学科所深深打动的我理所当然地念了她的研究生。在她所有的学生里，我并不是最聪明也不是最勤奋，甚至也谈不上什么情商，因而，我总对自己所获得的厚爱而感到深深的惶恐。

我总疑心自己是否真的曾经行过什么善事，要不然，我怎么会有那么多下午可以在她的花园中度过？在那些下午，她给我们讲索绪尔和乔姆斯基，三言两语就厘清大家混乱的论文思路，也会在英式热茶和自烤的法式甜品里细细分辨两种不同的园艺竹子，指点我应当如何在与其他老师相处时举止。更不要说圣诞节的派对上温柔的音乐、暖黄的灯光和所有的言笑宴晏。她如此体贴，甚至会给刚从义务献血车上下来的学生煲一碗汤。

这一切对我是如此重要。当我有了自己的房子，做的第一件事是把面对着天井的窗做成了跟她卧室几乎一致的样子。于是，从窗向外看去，也是那样的葱葱盈盈的绿。因为那是让人安心的，就像多年以前，她轻轻把因失去一段感情而心碎的我独自留在她的房间里痛哭时那样安心。很多年后，我带着我的先生和孩子又回到明洁家，我告诉他们，这是我一生中最想回到的地方。可

那是风

李明洁

上海书店出版社
SHANGHAI BOOKSTORE PUBLISHING HOUSE

致 匆忙的别离 与 长久的重逢

献给 先父李光煜先生和爱女崔璨小姐

是，是再也回不去了。我知道。我是，每个人都是。

我离开了学校。明洁亦越走越远。评上教授之后的一日，她电话告诉我她要去印第安纳州访学一年。言罢动身，一如她既往的干练。明洁是需要更明朗的空气的，正如那些天地也召唤她作为最好的媒介来带回来给中文世界。

她很快适应了新的生活和节奏。消息源源不断而来，她总能在新的一处迅速发现最趣致的事物。她兴致盎然地告诉我那儿地方虽不大，却有排期密集、风格多样的音乐会和艺术节，每天晚上都有优质的演出可供选择。从性学到爵士乐，从早期殖民聚落到空想社会主义小镇，她寻访了诸多大师的踪迹。

出乎我的意料，除了一直所钟爱的人文艺术，她亦毫不犹豫投入北美壮丽的荒野，跟新朋友们一起去了国家公园野营。那些日子我甚爱看着她在发来的照片里斜斜倚着越野车发动机盖子、抑或坐在粗粝的帐篷前，长长卷发在夕阳下流动着闪烁光芒，姿态那般的潇洒，仿佛黄金时代走来的女郎。我想这简直是必然的，智慧和知识积累到一定程度，这世界的任何角落都是她可以放纵情怀的游乐场，那些艺术、那些学术，是头脑最好的游艺，而身体亦可以寻找到更广阔去搁置的地方。

既然动身，步履便不会再停。“道在道中”，唯投身道路方可寻觅真理。这不是容易的事。我听过很多人向我抱怨美国中小城市生活的无聊，更遑论书斋生涯，然而明洁凭着对世间的清醒与热情却把那一年精耕得如此灿烂夺目。

那些日子她开始不停在国内报章上发表大幅的文章，与一般的游历记述不同，有见闻与资料、更有思考与明洁灵魂里那个独立自由的“我”。有一篇讲金赛的文章初名叫做《这世界谁在性的外头》。没有。自然没有人在性的外头。但我更喜欢这个对“围城”意象难得的果断判断，不仅仅是性，她堪破了，便用这样的姿态投身于世界，去国并非为了远离，倒是一头扎进更大的天地，她从未把自己放在这世界外头。

我知道她向来喜欢打破所谓的“舒适区”。回国后她去了新的系所，转投了人类学，跨大学科的研究转向让我讶异之余简直要击节喝彩。她就像童话里的孩子，想要获得远方星星洒落的金子，转头便离开了悉心经营的精美花园，奔向辽阔的未知之地。新的社会科学写作和研究，有传统项目如访谈、写作，亦有活色生香如策展、直播。密密实实的田野工作填满了她的假期，尽管这让我们相聚的机会减少，但我无比乐见于她过得越来越神采飞扬，笔意越来越举重若轻，自然也存了小小私心——透过她轻盈的笔触，我得以更多地窥见这糟糕又精彩的世界。

故而这本书里不仅仅有早几年的北美之行，更有后来她探访香港重庆大厦里居民的秘辛、皮影戏在中美之间不为人知的交流史，她从语言学中走出来，把一身冷峻的学术功底与一腔对世界的柔情涂满了天空。最喜欢的是那一篇讲纽约涂鸦圣地的《东哈莱姆的见与证》，资料扎实、情味浓厚，我拿去跟我的计算机工程师先生细细讲述，他瞪大眼睛："天呐！明洁居然敢去那种涂鸦遍地的社区访问还居停？果然世界需要知识分子。"这简直令我得意洋洋，好奇与关怀、勇气与智慧，人类学的田野之趣尽在于此。

虽然不断有文章可读，但我依然总是期盼着与明洁的约会。俗世纷纷，一个人总需要有一个你所信赖的人带你用透彻的目光来看待这个世界，更不要说随着疆域的扩大，明洁越发地圆融，心境越发地澄澈。

我的世界里，她还是在那儿。在那些咖啡店的下午，她对我讲起读的书与观的展，帮我厘清我凌乱的讲述，用刀锋般的寥寥数语帮我剖开生活中的疑惑。往昔优雅未损分毫，相反，因为带着几千公里外的灰尘，叠出了更丰厚的层次，像一块地道的法式拿破仑，越发醇厚，回味弥深。

岁月种种川流不息，留下的记忆如晴空云雀般明亮。2018年初夏的一个午后，我们并肩在熟悉的武康路街头走过，她在清透的日光里嘱我写这篇序。诚惶诚恐接受任务之余，我又与她谈到了将来。我们都到了很多人认为不应该再对生活有过多幻想的时刻，但我们总是不可避免地继续规划将来——这对不可救药的理想主义者来说简直是一定的。

这么久以来，我已深深懂得世间那些不明来由的潮水最终将会把我们拍打到不知何处，但我们曾在此相聚。当我回头，当我向前，总有那么一会儿，我会觉得，在那些裹挟着我们不断前行的滚滚洪流里，有透明的灵魂依旧被稳稳地托付于某个地方，依旧用力选择着自己的方向。

魏梦晓

2018 年 12 月 11 日

于闵行淀浦河畔

字下的正门，极似巨兽黑洞洞的大口；之上，还有十五层破旧楼面，灰云压城。说汉语的，来这里追忆1994年的《重庆森林》，是乱世里的安慰，主演们的爱情好几个版本了，重庆大厦几乎还是原版；说英文的，捧着《孤独星球》这世界通用的旅游指南，找到香港最廉价的住处，从嬉皮士的年代一晃，也快半个世纪了。我是第三次进入重庆大厦，前两次是在2003年，那一年我在香港教育学院，培训说粤语的中小学语文老师教授普通话；从非典肺炎爆发，孤绝地坚守到它悲壮的终结。记得第一次是在二楼的商场里，人人戴着口罩讨价还价，买到折扣甚好的瑞士手表；第二次是被一位婉约的老师领着，在她男友的护卫下在某个很高楼面的拥挤餐室，遭遇了浓烈到爆的印度咖喱。

马修教授一进大楼，急行军就变成了他著名的“闲逛”（在他的人类学专著《香港重庆大厦：世界中心的边缘地带》里，他坦承这就是“基本研究方法”），忙不迭地与不同肤色的熟人“闲扯”（好像里面都是他的熟人）。一如他得意写到的那样：“在一些境况下受到蔑视的教

本文作者随马修教授从后巷进入重庆大厦。（摄影：崔璨）

授，居然能在重庆大厦广受尊重。”（我愿意据此断言，如果其他地方教授已是“叫兽”，而重庆大厦里教授还是教授的话，真正黑暗另类的所在无疑该是前者。）“教授”是马修先生在此处的专用名，他来回穿梭于走廊间，果真如鱼得水，花枝乱颤。迎面走来一名三十多岁的男性：“嗨，哈桑。还好吗？你的生意。”教授指着那人斜挎着的小包，一挤眼。好像回到自己家，我们就近拉开一间南亚食肆的餐椅。“四杯奶茶！”教授大声叫，然后在我耳边低语：“大概二十几块，你付账，他们认识我，不要我钱。”好吧，我很乐意。教授估计已然花甲，奶茶腻甜而有姜辣，但哈桑却还勉强接近《泰坦尼克号》时的莱昂纳多，只是肤色偏棕。他和教授说他的避难申请，表情凝重；向我的文博专业的女儿介绍伊朗，“那个古老文明的两河流域已经死亡了呀”；然后他奉承她的靓丽，也说自己帅且有思想，英语还那么好。

坐了十分钟，教授去大门口接个人，要哈桑带我们上楼。穿过两条走廊，转了个弯，我们挤上一部老旧的电梯，里面已经有穿纱丽牵着小孩儿的妇人、有个堆着包装盒的手推车，吭哧吭哧，开开合合，无奈挤不下更多，像演魔术，南亚人和非洲人变来变去。到了大概十七层，我们被吐了出来，三平方米空间的三面都是门，哈桑非常绅士地为我们推开其中一扇，又引我们拐过一个通道，再为我们推开两道门，“到了”。我估计这就是马修教授书中写到的，他每周都来的基督教励行会，重庆大厦众多非政府组织之一。前一天在香港中文大学采访，他说每周都去重庆大厦教书，名义上是教高级英文，其实是组织国际避难者一起讨论国际时事和人生哲学，也给他们帮些小忙。那些没有工作唯有等待的避难者，需要为着渺茫的未来消磨掉难捱的昼夜。办公室的窗外，吐露港的粼粼波光折射进来，让他的这些话听起来像“情怀贴”。做人类学田野调查的总得有个基地，我当时想，马修教授是聪明；后来整理访谈，我又写信要他确认，每周六都去？多长时间了？他白纸黑字回信来，“每周，十年”。想起陈奕迅的歌，“十年之前，我不认识你，你不属于我。走过渐渐熟悉的街头。十年之后，我们是朋友，还可以问候”。这个有关《十年》的歌，是比我的想法温柔、厚道的。

这是个大约三十平方米的房间，一边是厨房，据说会定期做一些餐食，免费派发；一边是几张木头方桌。门边贴着“未经允许，严禁拍照”“不许饮酒，违者报警”的招贴。英文、中文、法文、阿拉伯文，还有一种没见过，身后瘦高个马上说是索马里语，解释给我们听与法文语序的不同。十二点到了，人聚多了些，来人把方桌接起来，把叠起来的简易塑料椅子排好，一直有人进出，最后围坐下来大约有二十余人。听得出来，除了我和女儿，有两名香港人，一名中日混血、研究移民的日本学者，来自俄罗斯联邦的两名白人，还有就是伊朗人哈桑，其他都来自非洲。台面上一共四名女性。

马修教授带着几个人进来挤到靠墙的中间。你剪了光头，我换了手机，各种口音的英文，热闹寒暄。教授一声吆喝：“嘿，哥们。有人愿意做私人导游吗？有人要参观重庆大厦呀。”教授的生意两面光鲜：托我的朋友不错，好吧？你小子工作还不合法吧？内部规则，行规定下，两百港币一小时。想到香港的“黑暗中心”观光，不是谁都能绕得出去的。每晚约有四千人留宿在重庆大厦，有五部独立电梯，五个独立大楼互不相通，底层有一百多家店铺。教授说在写书的那三年半里，每周至少一晚睡在这里，在不同旅馆邂逅过 129 个不同国籍的人，但还是没有手绘出“秘密联络地图”来，要找到威士忌、性、隐蔽摄像头、国际避难的法律咨询、听得懂粤语的南亚合法餐厅、供应非洲菜的无牌餐馆……除了教授亲领，恐怕只有求助在座的诸位了。

马修教授从双肩包里掏出一叠英文报纸，最上面一张是《纽约时报》，头版的新闻说，寨卡病毒导致初生婴儿罹患“小头症”的疫情在巴西蔓延。教授抛出问题：“如果是你的女人在这样的情形下怀孕了，你们会生下这个孩子吗？”“Oh，Come on.”一圈男人炸了锅，这个英文惯用语，此时的情绪却颇难简译：“好吧。还是来了。得了。怎么会呀？咋整？天啊！娘的！你小子算了吧？”同为老教师，直觉是，绝妙的问题来啦。阿里是有老婆的，黝黑健硕，语速缓慢：“光是活着，已经竭尽全力了，”他瞥了教授一眼，“养活正常的孩子已经很难了，不要。”旁边的艾迪逊比较年轻：“是孩子总会长大的，你就接受吧。况且他未必会被染上呢。”阿里打了他一拳，教授马上打上补丁：“让我们假设有五分之一的感染几率。”

“那就和女人先讨论一下，要不要生呗。让她决定嘛。”

“和她讨论有什么用？她能决定吗？她能知道什么？”

“讨论？你们就发傻吧。你们谁做爱前讨论过，做还是不做？”哄笑。

“好吧，让我把问题再具体点。如果就是你的女朋友，已经怀孕四五个月了，医生也说有百分之二十的可能感染了寨卡病毒。你们会不会去做人工流产？”教授步步紧逼。

索马里小伙儿：“我有个朋友就有个傻孩子，十四年了，一直看医生，现在还是不正常。”

来自西伯利亚的白人：“不行。人不是东西，不是动物。就算是个宠物，你也不能丢弃嘛。”下楼的时候我问他，果真是东正教徒。

哈桑一撸微曲的棕发，侧着脸：“现实并不因为它难以接受就可以不去接受，因为它就是现实。你有能力做的事情才做，没能力做就别硬撑了，好吗？哥们。”

“这会是个非常艰难的决定，我会祷告上帝。”

“这种时候就应该避孕嘛，要相信医生的判断。科学比上帝有用。”

“算了吧？如果科学错了呢？以前同性恋还是病呢，如果那时候你的胎儿在出生前被医生诊断为同性恋，你会支持流产？你会杀了他吗？”

火山轰然爆发，教授火上浇油，不停地用虚拟语气将情境化了的问题抛向确切的人。我掩在一浪高过一浪的声浪后面，残障、疾病、堕胎、宗教、女权、科学、性和生殖权利，这些抽象宏大的语汇突然变成了一个个小头的婴儿，在眼前的声浪里漂浮隐现。

若不是第二个问题的敏感尖锐，我恐怕还会发怔一会儿。讨论中有人突然意识到，我是初来乍到者，质问我是不是间谍。

我还没有来得及解释，教授已经转到“娱乐”频道了。“内地不少女青年网上租男友回家过年，你们这些家伙怎么看?”“没法看，太搞笑了。”一屋子荷尔蒙爆笑，房间震动。教授一边笑，一边说：“你们可以应征嘛，这可是个好生意。”默德来自多哥，二十出头，黑亮的皮肤里青春真要潽出来了：“这生意我们做不了，华人看不上黑人。”我心下一沉，这可要说到种族歧视了，没想到大家笑得跺脚。“你小子还是没上门啊？还不合法啊?”原来默德处了个香港华人美眉，对于避难者，这可是上上签，“难友们”正各种羡慕嫉妒恨呢。艾迪逊笑出了颤音：“这不正好吗？女孩子租我们回家交差，我们应聘赚到钱，她父母一定不同意，而且再也不敢催促了，再催，再带个黑哥哥回去给他们点颜色看看！”大家拍起桌子嗨翻。

只有默德依旧愤愤然：“黑人怎么啦？我们又聪明又能干。奥巴马还是美国总统呢。”中日混血的姑娘说话了：“华人要的聪明是要会读书，日本也一样。”“那怎么不比打篮球、唱歌和跳舞呢？我们的基因就是好。”教授插进来："如果是基因，那华人也可以说你们没有读书的基因啊？是什么造成了这样的差别？"大家讨论下来，文化传统、经济基础和社会制度恐怕比基因重要，非洲的土地上出拳王、球王、长跑冠军、歌唱家，却较少科学家和政治家。这是骄傲，也是悲伤。贫穷、战乱、愚昧和歧视，生命的苦痛之花，沉淀为承受中的自嘲，自卫中的自傲。对于命运，这是不是另一版本的"欲说还休"呢？

当教授宣布下课的时候，我才察觉两个小时居然过去了。我得承认，在我二十五年的教学生涯中，仅与我亲见亲闻的大学课堂相比，不论是内地、港台，还是欧洲、美国，这绝对是最不装腔作势的、最接近城市中普通人的人类学田野，是讨论最为热烈、主动和诚恳的课堂。

这么多人挤不下那台电梯，只能从防火通道鱼贯而下。楼道逼仄，差不多要转晕，可能也是由于我突然涌起的深切惭愧和莫名感慨。一群人终于从顶层回到底层，大家涌进一间食肆，没有名字，招贴上写着汉字"美味印度菜”，教授说是旁遮普邦的风味。大家分成两桌，我们这一桌点了牛油煎饼、羊肉烤饼、原味烤饼、蒜头烤饼、咖喱角、咖喱牛肉、芝士菠菜、串烧鸡球、印度炒饭；另一桌不知为什么只点了玛萨拉茶和其他饮料，都在埋头填一张表格。菜上来了，味道正宗；但从餐具判断，和我曾经去过的高层咖喱店不会是一个价位。教授把我叫到一边，偷偷塞给我两张现钞：“我一会儿要先走，你买单。”我说不用，都我来，教授坚称人多费用大。中途艾迪逊站起来要先走，他举着两张钱走到教授身边，教授收下递给我：“今天明洁买单。”我还是说不用，教授说他明天就要回国了，这次他倒卖“十四天手机”赚了一票，这种手机是被买家退货库存的欧洲手机，一般售价只有新手机的一半，是这里的龙头产品。“这钱你得收着。”我马上意识到这两张港币是重庆大厦发给艾迪逊的“奖状”。谈好天说完地，我赶紧去买单，哈桑及其日本学者等男人都做阻拦状：“怎么可以叫女人买单？”当然，我还是抢先了，店主似乎也默认教授买单的规矩，只是最后我却被吓着了，填饱了这么多人肚子的美味居然如此廉价。

从重庆大厦出来，阳光刺得人睁不开眼。弥敦道上，摩肩擦踵，车水马龙。女儿突然和来回走动的一名非洲人打招呼，我和他都愣了一下。“这不是阿里嘛?”“嗨嗨”，三个人夸张地咧嘴笑了笑，他不合身的西服袖子里攥着好几块手表，我们心领神会，“祝您好生意!”

这情形怎么那么像电影的桥段呢?奥斯维辛之后写诗是野蛮的，去过重庆大厦以后写小说是可疑的。恐怕还是一本人类学笔记靠谱些。人类其实是很小的概念，尤其是具体到我们每一个人和他在日常生活中的灵魂，以及那些被宏大的历史叙述忽略的东西。老实说，马修教授的有些观点，我并不赞同；但他在《香港重庆大厦》中提出的“低端全球化”概念，却穿过这个世纪闹猛的虚饰、偏见和谎言的阻隔，抵达了我的心：“人与物品在低资本投入和非正式经济（半合法或非法）情形下的跨国流动，其组织形态与发展中国家连在一起。”如火如荼的全球化貌似促进了自由、多元和平等，但它的结果和它的来源一样本质上仍然是强制、单一和差距。然而，

位于香港弥敦道上的重庆大厦正门。

人世苦多，山河永寂。半合法和非法，是很多人被迫的命运与抗争；有病痛的社会躯体，会踉跄地走向未来；湍急的历史激流，鱼龙混杂、泥沙俱下，但也终会奔腾到海洋。

你和我，或者说人类，被深嵌在这个世界之中。因为畅快、丰美与欢愉，这个世界值得被爱；而她值得被深爱，则是因为将我们深嵌其中的，还有我们在这个世界的纠葛、不堪与悲苦。

（文中避难者人名皆为化名）

2016 年 2 月初稿于香港中文大学会友楼

2016 年 3 月 8 日修订于上海暴雨中

本文首发于 2016 年 5 月 23 日的《文汇读书周报》第二版“特稿”版，发表时略有删节。

有时候他也不晓得

“有时候我也不晓得，为什么独守清夜，那首歌会萦绕心头，仿佛鸳梦重温，昨日重来。那时爱多新鲜，每个甜吻一如灵感。然而，时光已逝，星尘遥遥，惟有一曲相慰。”这种曼妙感伤的歌，真是要人命，完全无视时代和地域的隔阂。乐声响起，人心就塌陷。每个生离过、死别过的人，谁会没有“一首关于爱之歌的歌”呢？

就这样，不经意间，霍奇·卡迈克尔（Hoagy Carmichael）的《星尘》（*Stardust*），在人心里最柔软的地方，搭建起了他作为天才音乐人坚固的纪念碑。1927 年的他也不会晓得，自己吹着口哨的原声版会辑入“格莱美名人堂”和美国国会图书馆的“国家有声遗产名录”，会被美国国家公共电台列入二十世纪最重要的“百首名曲”。《星尘》与霍奇的其他三首代表作《全心全意》(Heart and Soul)、《我心中的乔治亚》(Georgia on My Mind）和《你的亲昵》(The Nearness of You)，至今仍是被翻唱和翻录最多的美国流行歌曲。随便问一个上了年纪的美国人，都会耸耸肩告诉你：“是啊，这是我老爹老妈最喜欢的歌。”不年轻了的人们，终于懂得他们老得也成了天上星的父母也曾有过年轻时候，在某年某月的某一天。

恐怕二十八岁的霍奇，从印第安纳大学（Indiana University）校园往西横穿印第安纳街，撞开对面“书角（Book Nook）”酒吧木门的那一瞬间，不会晓得，这对他的绮丽人生将是何等的华彩一刻。以至于之后他要反复向歌迷讲述这个星夜：“那是一个炎热的夜晚，有夏末的甜蜜和初秋的预兆：等待的清夜、季节的离去和需要消磨的时光。群星闪烁，离我那么近，北斗星就挂在树梢。我仰望夜空，轻轻哼出了‘星尘’。”在第一本自传

《星尘之路》里他如此抒情的情景描写，还不能满足大众的好奇，在第二本自传《有时候我不晓得》里他又浓墨重彩地说明了当时的心境："我坐在校园外沿的'矮围墙'上，这个小镇、我的大学、所有的朋友，一切的一切，那些逝去的、耗尽的、仍然欢愉的记忆，在我的脑海里，潮水般的，像一曲多愁善感的老歌，但又那么有力地、让人喘不过气地，就那么涌上来。"

"书角"酒吧虽然已经改换门庭，那台据说敲击出《星尘》第一个音符的钢琴的位置，已被转播球赛的大屏幕所替代；但"书角"还是不动声色地坐落在原址，斜对着印第安纳大学法学院严正的石灰岩拱门。1920年，霍奇应父母之命入读法律系，1926年获得法学学士学位，在佛罗里达当过短暂的执业律师。那时他也不晓得，到头来自己还是撞回了伙伴们聚集的"书角"。看看行走在"书角"管乐队游行队伍最前面，穿着花花的条纹连衣裤吹着小号的嘚瑟领队；再看看那张西服套装里规矩而拘谨的律师肖像，让人感慨，所有的人为计划恐怕都抵不过天意或者初心。1940年，红透了半边天的霍奇写了首

印第安纳大学校园里电影院门外的霍奇·卡迈克尔铜像。

《医生、律师，印第安纳的爷们》，曲调诙谐揶揄。如果时空有表情，法学院该是愠怒还是大度？印第安纳大学该是侥幸还是得意呢？三十七岁功成名就，终于抱得美人归的霍奇，在古稀之年忆及这首第一把交椅上的招牌情歌，竟然过于诚实地说："大多数人都在心里为他们的爱人留有空间，而我可能没有。也许音乐才是我唯一的真爱。"

这个自称"只受过半截教育"的中西部底层平民的子弟，这个弹出《星尘》时还不识谱的钢琴师、歌手、作曲者和好莱坞影星，年少时并不晓得，人生起点的灰色，并不是命运的漫漫长夜。霍奇的原名是 Howard Hoagland Carmichael，1899 年出生时母亲用铁道工友 Hoagland 的名字为他命名，寄望于他以后能混个火车上的工作。然而，这个出租车司机和酒吧琴师的儿子，早就知道生活坚硬的道理。1918 年，他三岁的妹妹乔安娜染病夭折。"我们没有钱请医生把她照顾好，她是贫穷的受害者。那时我就发誓我的生活再也不要因此断送。"他第一次赚到五美元是在 1919 年的九月，自传里记下了当时的心路：“萨迪阿姨用了两个小时做的蛋糕只能卖五十美分，妈妈用九十四天做一床拼布被子，都能得奖了，却连入围的机会都没有。我在舞会上弹钢琴只用三个小时，就赚到了五美元，还可以一边吹口哨。这叫我琢磨，该去更多的舞会赚更多的美元。”但他不晓得的是，三十六岁初到好莱坞，会是一周一千美元的天价合同在等着他。

霍奇的转运，有天时和地利，更有人和。霍奇的出生地布鲁明顿（Bloomington）小镇，位于美国中西部腹地，朴质的当地人都被戏称为“印地糊仔（Hoosier）”；然而它却是当时最开明的学术自由之地印第安纳大学的所在地。霍奇组建了六个同学的乐队，校园东边乔丹河两岸的枫树林和榉木林里，这群“爵士疯子”在那里“搞破坏，打乱旋律再重组，将硬邦邦的节奏揉进软绵绵的曲调”。从南方新奥尔良来的爵士先锋要奔涌到芝加哥去，布鲁明顿恰恰就在路中间，成了爵士音乐的集散地。斯塔尔钢琴公司（Starr Piano Company）的吉耐特录音棚（studio of Gennett Records），有当年最金贵的装备，新锐音乐人爆棚，而公司就在校园东北一百公里处的里士满（Richmond），《星尘》也就诞生在这个“早期爵士乐的录制摇篮”里。

在那里，霍奇遇见了毕克斯·拜德贝克（Bix Beiderbecke），成为知己，为其作曲，伴其旅行。他不晓得的更大幸运是，不到三十岁就死于肺炎或者酗酒的拜德贝克，及时带上他去了趟芝加哥，把他介绍给了路易斯·阿姆斯特朗（Louis Armstrong）。霍奇受宠若惊，小心翼翼地弹奏了自己草拟的《搓衣板蓝调》，“爵士乐之父”马上笑着对他说：“下周来芝加哥录音乐会吧，就你主唱，你这个精怪！”事业的大门为这个没有上过一天正规音乐学堂的精怪，豁然洞开。

霍奇终于有了真正的舞台，淋漓展现出他的所谓风格，或者说是天分。你在里面听得出拜德贝克的有韵谣曲，也感受得到阿姆斯特朗的即兴摇摆，当然总是有他自己随手常奏的琶音和弦，或者进行曲风里夹杂对白。你完全没有办法命名它，他自己也不晓得叫什么好，“民间小调、艺术歌曲、乐府”？都有点像又可以说不像。他的曲调，无所谓结构，永远随意甚至有些吊儿郎当，如荡漾不拘的流水；但又一听就是他，有点藏不住的通脱自喜，又被包裹在欲说还休的小清新、小慵懒和小俏皮里，夹杂着乡村音乐的甜美和趣味以及城市爵士的伤感和疯狂。此种风情好似温柔性感的痴迷，有绵里藏针的杀伤力。以致《我心中的乔治亚》被定为乔治亚州的州歌，次级和弦的调子怎么听都是抒情的慢板，要起立合唱还是感觉搞笑；我也因此更欣赏他本人随性自忖的闷骚版《星尘》，完胜更负盛名的纳·京·高尔（Nat King Cole）的演绎，有点太过高昂和乐观。威廉·金瑟（William Zinsser）1994 年为《美国学者》撰写的乐评说："唱一首霍奇·卡迈克尔的歌，就听得见纱门在砰砰作响，还有湖上船舷外马达的突突声——久远以前的美国夏日小镇，却仍叫人无限向往。"专攻印第安纳地方史的历史学教授吉姆·麦迪逊（James Madison）在他的新作《印地糊仔》中直白地指出：战后二十世纪的二十年代，是年轻人摆脱传统文化的时代，老派人士如遇洪水猛兽，"教堂再也管不住越剪越短的头发和越升越高的裙摆。好莱坞、热歌劲曲、轻佻女郎、后座性爱、违禁私酒，不一而足；而新一代的民谣歌手卡迈克尔更是在这片娱乐新天地里光彩夺目”。他的歌与曲，吟唱那些“拂晓、哦银河、懒骨头、小老太、西瓜天气、你的亲昵、五月的清晨、当爱出了错、月光的灼伤、来得快去得快的爱恋、这里就没人能爱了吗”，是年轻人各种时刻的各种绝配，为笨嘴拙舌提供了甜言蜜语，给多少心上人备好了配乐诗朗诵般的“酷之又酷实在是酷的夜晚”。更为重要的是，他将大乐队演奏的乐章用吉他、钢琴谱写出来，将音乐欣赏的习惯从剧院和马戏团的现场转移到舞厅、草地尤其是可以听黑胶唱片的室内，“大众流行音乐”终于成为了现实，直至摇滚音乐进入唱片业主流，霍奇一直是当仁不让、承上启下的关键人物，其声名迭起无疑是“天降大任于斯人”的必然。之后，他携新婚妻子移居洛杉矶，进军好莱坞，既表演又弹唱，有时还跳舞，开始与宾·克罗斯比（Bing Crosby）和弗雷德·阿斯泰尔（Fred Astaire）合作，也和他们一样成为好莱坞的一线明星，同时叱咤于电台、电视台等当时的新潮媒体，过上了打高尔夫、被粉丝索要签名、拿奥斯卡小金人的日子。霍奇不仅赚到了远远多于活命的金钱，而且自我成就，上升为二十世纪美国流行文化的巨星。

老一辈只要想想邓丽君和陈蝶衣，新一代只要想想史蒂夫·乔布斯（Steve Jobs）和周杰伦，就不会对这样的天才传奇感到陌生。出身贫寒、辍学自立、天赋和勤奋；从坎坷到传奇，有天助和人助，有完美和梦想。然而，他们最最紧要的，是没有忘记初心和自己的来路，所以才对人情世故有身体感的切肤懂得和把握，才能“凡有井水处，皆能歌柳词”。霍奇有没有迷醉在花红酒绿的西岸？“看上去，我有耀眼的成功，成为穿着考究的流行歌曲作者，然而在纽约范儿的清晰折痕底下，这样那样还是隐藏着狂欢派对上那个印第安纳的乡村少年。我保守着内心的孤独，尽管有所减少但并没有完全消失。大部分时间我离群索居，躬身在钢琴上，探究声音的秘密里那些笼罩着的谜。”知父莫如子，毕克思在为父亲自传再版的序中也说：“他非常敏感，有品位。在他的世界里没有给不完美的东西留下任何余地。他唯一的游戏就是音乐。最要紧的是，他是天才！他的人生经纬里，印州少年对生活的巴望企盼和西岸巅峰时期的无所不有，一直都在拉锯战。父亲终究没有忘记印州的童年，没有忘记那个在布卢明顿旧房子的地下室里，没日没夜苦练钢琴的单薄少年。”说到底，霍奇一直都住在他幼年的心里，认可自己是茫茫尘世的一粒“星尘”（汉语里连这个词也没有，好在中国人太懂得什么是“人世微尘”）——平凡、微小，转瞬即逝，他们跌打滚爬过的俗世，和我们的也一样。这也就是为什么面对着邓丽君、陈蝶衣、乔布斯和周杰伦的巨星盛名和巨额财富，平民百姓不会有羡慕嫉妒恨，倒是可能怀有宽宏的理解和隐隐的疼惜。

所以，你就会明白，他的歌曲为什么总是带着乡野的气息和田园的画面感，欢愉而不张狂，明快却不艳丽，还有永远哀而不伤的底色和永远在悲伤里的欢愉。他在好莱坞总是演底层民众，《逃脱（To Have and Have Not）》里是酒吧琴师，《珍妮（Johnny Angel）》里演出租车司机。身段表情，惟妙惟肖，不由人不想起他的爹娘。他的气场是平民化的，但往往配角翻转，占了主场，小人物起了大作用。《逃脱》里的《香港蓝调》，几乎就是用忧郁狡亵的调子，重复了电影“要爱要回家”的主题。船长、凶杀、爱情，《珍妮》老套又僵硬，看不下去的时候，霍奇及时地弹了《六月的孟菲斯》，非常撩人，“六月的孟菲斯。周日的蓝天下，夹竹桃的花影里。我的米兰达表妹哦，正做着蓝莓蛋糕哟”，浮想于是总算得以连篇。

霍奇恐怕不晓得，他为后人留下了多少联想。2008年印第安纳大学为他塑了真人大小的雕像，每一天真的是每一天，都有人在他的帽子或者手边放上鲜花。当我在布卢明顿城西的玫瑰山墓园里，找到他父母身边的他，在他墓碑上的原名旁边献上圣诞幸运枝时，简单得出人意料的墓碑边，已经有人放上了他喜欢的轩尼诗酒和1981年离去后收集不了了的硬币。“书角”酒吧的原址门口，立着印州文物局和市政府对《星尘》诞生地的介绍。霍奇的家人将他的私人物品捐赠给了印第安纳大学传统音乐档案馆，据此设立了霍奇专档和霍奇音乐教室，每周五的午间音乐会都在他的照片、桌椅、小金人和金

印第安纳大学的霍奇音乐教室及在其中举办的一次周五午间音乐会。

唱片的环绕下举行，有时候乐手也去弹他的钢琴，似乎就是一大堆朋友还赖在他的家里聚会。还有好几座故居，散落在布卢明顿、印第安纳波利斯和洛杉矶的绿荫里。

当初看到每天有人为他献鲜花，我只是很好奇，这是个怎样的男人？后来看到照片，玉树临风、倜傥风流，眼睛性感撩人。十二月初，霍奇冥诞，格莱美梅开二度的印大教授西尔维·麦克奈尔（Sylvia McNair）登台，献唱了她认真地说是如今最喜欢的霍奇的歌《我没有你也过得挺好的》："当然，是挺好。除了细雨柔柔，从树叶上滑落。我会记起，在你的臂腕颤抖。我记得，当然是记得的。不过，没有你我也过得挺好的。如我所愿，我忘了你，当然是忘了。除了听到你的名字，或者有人笑得和你太像。但是让我忘了你吧，如我所愿。"看着这位走过半生重又单身的女人，若无其事地在爵士曲调里即兴辗转，徜徉在似乎是别人的故事你的故事或者我的故事里。

那一刻，我的心里，泪如雨下。

霍奇有多少善解人意，就有多少因为懂得所以才有的怜悯。理查德·萨德哈尔特（Richard Sudhalter）为霍奇作传《星尘的旋律》，评价说："伟大的歌曲是不可毁灭的艺术品，无动于衷于时间和时尚的变化。它只和永恒的事物相关：青春和光阴、生与死以及对家园的渴望，诚挚而有生命力。实际上，都是因为爱情。"我们愿意把爱情理解成广义的生命，这样我们会在前人的传奇里读到亲爱的自己，在他者私人化的记忆里重温自己的欢愁。听过苏打绿的人，熟悉邓丽君的人，会明白什么是"无与伦比的美丽"的"爱人"；如果你知道与霍奇神似的陈蝶衣和他的《南屏晚钟》《凤凰于飞》，也就明白普通人平凡生活的小小确幸以及真挚惆怅；就会懂得为什么多年以后，还会矢志不渝"我的心里只有你没有他"。

霍奇出身卑微，据说也爱攒段子、也是个守财奴，人情练达，强势还有洁癖；但是朴质奋力追求完美和生活里的梦，活得具体而认真，保有平凡人生的真实与温度。由此来看，史蒂夫·乔布斯（Steve Jobs）的故事似曾相识。（顺便说一句，2012 年迷你 ipaid 在中国大陆的广告音乐用的就是霍奇的《全心全意》。）很多时候，我们不会确证地知晓人生的走向；霍奇大多数时候就不晓得。但是他在形而下的生活浊流里，永远记得仰望、歌唱、抓住形而上的美好星空；才不至于在那么容易陷落那么容易失望的尘世里失望和陷落，才能从星尘升到星辰，从星辰回到星尘。

愿，命运成全平凡的我们。

也能这样。

2015 年元旦初稿于美国布鲁明顿瑞雪之夜

2015 年元月 8 日修订于印第安纳大学雅各布斯音乐学院

本文以《霍奇的星与星尘》为名，首发于 2015 年 1 月 27 日的《文汇报》“笔会”版，发表时有所删改。

这个世上谁在性的外头？

为金赛逝世五十九周年而作，
也为刚到天上去了的妮塔而作。
致敬他们丰富而勇敢的人生。

布鲁明顿（Bloomington），字面意思是：花开的地方。除了银装素裹的冬天，一直妩媚着。这座大学城，准确地说，就是为印第安纳大学而设的城池，阡陌交通，鸡犬相闻。音乐系、戏剧系，花儿与少年，满坑满谷。听音乐会、看戏剧是这里的日常，不因别的，实在是地界太小，甚至没有像样点的饭馆和商城之类。雇来帮忙的花工，喜欢赤膊干活，倒是说过，镇上唯一热腾腾的世俗享受是个小小的脱衣舞店，怎奈经营不善，很快就倒闭了。

直到秋日迟迟，撞见了一个特展，“金赛研究所藏罗伯特·梅普尔索普（Robert Mapplethorpe）摄影展”。巨幅的黑白大片，同性恋，性虐；仿佛“香闺侯爵”萨德的《索多玛 120 天》，做成了幻灯片。观者三三两两，窃窃私语，闲庭漫步；唯我环顾，导览的清俊酷哥于是微笑：“我有什么可以帮到你吗？”

这是我第一次知道那位因《人类男性性行为》和《人类女性性行为》而赫赫有名的金赛，就生活在中西部这座略显逼仄的围城里；他创立并至今以他的名字命名的美国最早最大的性学研究所，就在校园中央那座森然的莫里森大厦内。印州标志性的石灰岩建筑，和典型的印州人一样，相看两不厌，庄重、朴质，也古板。

“金赛性、性别和生殖研究所”（The Kinsey Institute for Research in Sex，Gender and Reproduction）占据着大楼

的两层楼面，教授们的研究室、工作坊、图书馆和档案馆，门户相对。对外开放的其实只是两条走廊、上下楼梯和两间展室。但却是，曲径通幽处，禅房花木深。墙上密集地悬挂着与性相关的照片、印刷品、绘画，尺度颇大。中国的明清春宫画就有多幅。墙角的展柜里有些情趣用品、情色药品之类，来源地从日本到希腊，从法国王室到非洲部落。当时展厅里是一个与催情食物相关的小展览，配合的是学校那个学期的教学主题“饮、食与思（Eat、Drink and Think）”。我试图理解墙上专有名词甚多的壁报，似乎都是近年来研究所的代表性课题。一个谈婚外情，说是由感情导致的婚外性关系会比单纯的婚外性行为更容易有内疚感；一个是在蒙古的调查，关于更年期和死亡率的相关性；一个是在非洲裔美国人中做的避孕套的使用感受调查；一个是讲，家有儿童对妇女经期潮热现象的缓解；还有一个讲的是女性经期的荷尔蒙如何影响自身对男性容貌和性格的判断。初步的感受是，内容是敏锐的话题，方法是经典的套路；好奇和小心成就了明正的讨论和谨慎的研习。两条走廊走转头来，恰似一个个鲜活的学者样貌——广泛地学习，老实地提问，求真恳切，严谨踏实，倒还真是“博学而笃志，切问而近思”了。

中国好几所名校的校训都脱胎于《论语》中的这两句话，其实后面的一句恐怕更要紧些，所谓“仁在其中矣”。“仁者爱人”，这些倒真真切切是关于人的学问。然而，真要人面对自身，却并不是件容易的事。查阅档案，发现当年金赛遭遇了传统力量的猛烈狙击，印大校长威尔士以大学“学术自由”之旗帜，肉搏以卫，我们才得见今天的研究院。饮食男女，人之大欲。如果人，不能面对人自己的问题，不能在道德、法律甚至宗教之前，严肃地科学地探索性的真相，那么，所有的规训乃至规则，都将是“无本之木”。在这个意义上，金赛的最感人之处，就在于他“志笃而问切”，老老实实地追求过真理。我找到 1956 年 8 月他离世后的第三天《纽约时报》发表的评论，抄录下来：“不管人们对他的发现反应如何（包括对其中一些结论的无道德原则的利用），必须承认的事实是，他首先是、最终是、一直是一位科学家。

任何与性相关的研究都是极其复杂的，因为这一领域深深地受制于道德戒律、习俗禁忌、个人的或是群体的训导以及长期的行为模式。这些内容就其自身而言可能是好的，但是却无益于科学、实证地接近真理。金赛博士以分析和精细接近了它，他的研究谨慎而全面。他的离世是一个严重的挫折，我们热切地希望由这项研究唤起的科学精神不要遭受类似的损失。”从发黄的报刊上抬起眼，仿佛看见金赛和威尔士，这两位真男人，在表面妖娆的布鲁明顿，曾经那样生猛、刚毅，行进在头阵。

邻居老太太妮塔，在大学多个部门工作过，88 岁了，这座城里几乎没有人不认识她。披头士风靡的时候，妮塔是少女，至今还是殿堂级粉丝。中年上海女士唱这类英文老歌，绝对胜过美国中青年土著。她常盼我去，一起唱“嘿，朱蒂（Hey Judy）”什么的。那天我说，嘿，妮塔，我去看了金赛研究所哦。她扬起瘦削清雅的脸，比一贯的孤高更高傲地说：“金赛博士是我们这座城的骄傲。”“是吗?”“当然是，你应该就去看看他的家才对，我带去你。”

离印第安纳大学校园一步之遥的金赛故居。

隔壁，就三个街口。红砖房，秋叶满地，我趴上窗口看，里面似乎长久没有人住了。妮塔好像对我说，也可能是对她自己说，我年轻的时候，看他的书呀，看他的书呀。妮塔，有四个孩子，有过四段婚姻，现在一个人。她喜欢和我聊天，我们常一起散步、听音乐会，她总是劝我，“你还这么年轻，应该再找个男人，对身体和精神都好”。妮塔的孩子个个出色，其中一个是《纽约客》的专栏作家，写过极畅销的《人民的历史》，他的女友参与了去年奥斯卡最佳纪录片奖《第四公民（Citizen Four）》的创作。颁奖礼那几天妮塔逢人便说“他的女友”。我问，他们结婚了吗？妮塔认真地盯着我：“在一起是必要的，可是为什么要结婚呢？”

起先，与我同租一幢小楼的是一对年轻夫妇。女的是比我矮小很多的德国女子维布卡，博士后，在哲学系开课《理智与情感》。我去听过，反复讨论“发乎情”的激情动因与“止乎礼”的理性逻辑。有一次她告诉我要去纽约开康德的研讨会，顺便换义肢。我才惊悉她生下来就缺一只脚，可是她攀岩、开车，穿优雅的及脚背的长裙。这个发现无疑非常具象地加深了我对德国哲学的崇敬。暑假后有一天，听见抽泣，竟是离婚。哲学解决不了两地分居，估计还加重了找工作的压力。那个也学哲学的美国男人终于在加州高就，搬走了家具和书籍，也擦去了晚间楼上的疯笑声。

我去安慰她。不料她破涕而笑，那我也养个孩子就会一切都好啦。没有男人，哪有孩子？你说痴话。不哇，我去精子库买，我的人生我做主。我从来没有那么炽烈地看她，这个我一直以为柔弱的女人。她真的很美，挺拔的五官，像极了希腊雕塑里的智慧之神雅典娜。不过我更愿意，像雅典城的公民们一样，把雅典娜称作守护生命城邦的战神。

城边的玫瑰山上，有金赛的墓地。还有一位名仕是二十世纪上半叶美国流行音乐巨子霍奇·卡迈克尔（Hoagy Carmichael），这位美国的邓丽君有一首情歌《我没有你也过得挺好的》，最后一句不敢听完，“你是怎样的男人，我是多傻的女人”。圣诞节前，我和维布卡，两个傻掉了的女人，捡来花园里的松果和松枝，扎了小花环约着去。一百多年的墓园，古朴恬静，很多人特意来，瞻仰印第安纳州著名的石灰岩树干形墓碑。我们找了好几圈，那些醒目的、有艺术造型的、有显赫的墓室的，都不是。快要放弃时，她举着苹果手机，在维基的帮助下，找到了霍奇；不远处，对着金赛。

一个在虚构的故事里吟唱爱情的歌手，一个在真实的人生里研究性爱的学者。墓石上，都只有姓名。两个女人，阶段性地没有了爱和性，在缘悭一面的两个男人面前穆立良久。

金赛的墓石旁边，是他的妻子的墓石。我看了电影《金赛》，才知道这段师生恋就发生在这座校园里，还知道他们夫妻与助手之间微妙错综的经历。那天电影十周年纪念，台上心理系、政治系和金赛研究院的教授们，讲“金赛的遗产”。台下坐着金赛的家人，大女儿安（Ann Kinsey）和外孙女文迪（Wendy Corning）。安说，小时候很怕别人知道自己是金赛家的，就说父亲是也姓金赛的葡萄酒厂的老板。文迪如今是妇产科医生，也说，拍摄电影时，家人都有些担心那些敏感的题材。倒是如今已经七十多岁，从服装设计师的岗位上退休了的安说，拍吧，妈妈以前总说“不会有事的”。电影落幕，黄昏里微雨蒙蒙，我上前问候，安问我，中国人知道我爸爸吗？我说知道啊，我就看过他的书呢。文迪搀着妈妈，说了两遍，真好，真好！这个消息对我们家人很重要，那里有那么多的人呢。

二〇一四年布鲁明顿的冬天，积雪覆盖校园，很厚很久。我的春节大礼，是女儿来探我。当年第一志愿填报文物和博物馆学系的学生，现在发梦，想去芝加哥看博物馆群。系里的行政秘书克里斯知道我有哮喘，劝我们不要在严寒的季节去“风城”。我告诉他已经提前订好了灰狗长途车票，他说：“好吧，那你过一个星期一定来我的办公室一趟吧。”等待我们的，是克里斯亲手编织的两条厚厚的羊毛长围巾。他说因为腱鞘炎，花了比较长的时间，不然会快些。实在是愕然。临行密密缝，这样的人和事，多少年，久违了，久违了。女儿和我，紧紧地拥抱了他。

克里斯高大帅气，有一双永远在笑的眼睛，喜欢我带给他的双喜牌香烟和大白兔奶糖。他性格温和，办事细心体贴，是系里的大管家。美国的学术活动都伴随各类招待会，食品饮料、会场人员、招呼引荐，克里斯举重若轻。他带来的小点心也总是被最先扫光。有一次我恭维他说夫人在家一定很享福。他说，哦不，我的伴侣也很能干，“他”在家里也做很多事情，我忙“他”就做饭，还照顾猫狗。他一直说的都是“他”，我想我听得很清楚。眼睛有些湿，我说，你们的感情真好，你们的生活真是丰富快乐啊，我好羡慕。这句话发自肺腑。有人两情相悦，有人耳鬓厮磨，有人一粥一饭，有什么比这更浪漫的吗？

但比浪漫更坚硬的问题却是现实。与谁会有化学反应，可遇不可求；是幸运，或者更准确地说是命运甚至劫数。狭路相逢之后，我们能做什么？又或者我们不能做什么呢？

七街是校区的主干道，学校重要的机构大都设在那里。Fess 大道（所谓“坦白路”）西，是路德派基督教堂；路东，有一个“男同性恋、女同性恋、双性恋和变性学生支持服务中心”，常见有外籍学生出入，更多见到的则是中国留学生在铭牌前留影。这情形颇有意味。想起春天的时候，印第安纳州通过同性恋婚姻法案的第三天。我碰巧在市里的法院邂逅了一场结婚仪式，类似我们民政局的结婚登记。新人是一对白人女性，一方是父亲陪同，一方是男性友人相伴。她们是大学时代的同学，从十七岁就开始在一起，一直在等合法化的这一天。法官询问：“你是否愿意与她结为一体，爱她、安慰她、尊重她、保护她，像你爱自己一样；不论她生病或是健康、富有或贫穷，始终忠于她，直到离开世界？”两个女声清晰而肯定：“我愿意。”旁边的摄影师把我也拍进镜头，还希望我说两句祝福的话，我就告诉她们：在中国的传统里，我们祝愿有情人终成眷属，更祝愿新人白头偕老。

这一年，因为金赛研究院，我参加了不少活动，学习了不少东西，好像陷入了“金赛的围城”。所以最初，就用它做了这篇访谈札记的题目。因为可能涉及朋友的私隐，为慎重起见，请也认识他们的女儿帮我看看。女儿直率地问：“妈妈是不是又要掉书袋？《围城》，围城？

美国印第安纳大学的“男同性恋、女同性恋、双性恋和变性学生支持服务中心”。

城里的人想出去，城外的人想进来？可是谁会在性的外头呢？一个人，就算不在性的体验里，难道就没有与性相伴的困惑或者焦虑了吗？”

时代是进步了的。对于性，新一代有比我们更坦诚、真实和勇敢的态度。想起访谈时，周馆长的最后一句话：“性，是人人的专利。”年近九旬的老者，引金赛为傲，鼓励后来者不惧尝试、永远投入；身有障碍者，独立、理性，自主勾画着下一代的来临；同性的恋人，一面全力争取，一面温和甜美地生活。他们并不是我着意找来的特例，而是我在这座围城中最亲密的友人。

是的，这个世上，谁在性的外头？

2015年2月隆冬初稿于美国印第安纳大学

2015年7月修订于梅雨季节的上海

本文2015年7月27日首发于《文汇读书周报》第三、四版，随《文汇报》发行。

给灵魂以空间

城市，在二十一世纪早已变成了一言难尽的人工风景。游览现代城市，美国无疑是首选之地。如果因循专业人士的建议，看完了芝加哥、纽约、旧金山、波士顿和华盛顿，那么，美国建筑师学会（AIA）将指引你去哥伦布（Columbus）。没错，要跑到中西部的印第安纳州，从首府印第安纳波利斯市还要驱车向南四十英里。然而，就是这个只有四万人口的小镇，在美国城市建设排行榜上，却赫然在列，居第六位。

原因也许是，哥伦布的建筑师，除了大师，还是大师。如果华盛顿五角大楼地铁站粗犷主义（Brutalist）的裸露混凝土刺激过你，那么你可以来哥伦布的第一浸会教堂（First Baptist Church），哈利·威斯（Harry Weese）还是不加修饰地使用材料，但原木却给人许多的安宁感；如果你因为赫尔辛基的芬兰国家博物馆出自伊利尔·沙里宁（Eliel Saarinen）之手，才知道他是芬兰移民的话，那么你再来看看第一基督教堂（First Christian Church），就会明白一代“装饰风艺术”（Art Deco）大师是怎样在美国变成了现代派（Modernist）先锋的；当然，虎将无犬子，埃罗·沙里宁（Eero Saarinen）一气在哥伦布做了欧文联合银行（Irwin Union Bank）、米勒家园（Miller House and Garden）和北方基督教堂（North Christian Church），只要你仰望过也是他设计的圣路易斯拱门（Gateway Arch），就能明白他把其父的现代派风格发展到了未来主义（Neo-Futurism）怎样的极致；如果你被阿灵顿公墓中肯尼迪墓地妥帖的包豪斯风格感动过的话，你一定能会心于约翰·卡尔·沃尼克（John Carl Warnecke）在哥伦布设计的梅布尔·麦克道威尔学校（Mabel McDowell

School），理解他如何将谷仓、小树林与校舍简约而又和谐地安置在印第安纳南部极富特色的平原上；如果你去过基特峰国家天文台，见识过那个庞然大物般的太阳望远镜，你就不会惊异于哥伦布共和报社（The Republic Newspaper Building）这个出版机构的新锐玻璃结构了。

或者，我们可以把话反过来说，如果你还没有领教过美国大城市里这些赫赫有名的标志性建筑，那么，不妨到哥伦布小镇走一走。大家风范，一览无余。上面七个建筑，悉数进入了美国国家公园管理局命名的"国家历史地标"（National Historic Landmarks）。掐指算来，在哥伦布写过作业的都非等闲之辈，再举其中一二，理查德·迈耶（Richard Meier）和罗伯特·文丘里（Robert Venturi）是普利兹克（Pritzke）建筑奖获得者，西萨·佩里（César Pelli）和罗玛尔多·吉格拉（Romaldo Giurgola）分别是吉隆坡双子塔和费城自由钟中心的设计者。对建筑史而言，哥伦布绝对盛唐气象，"同学少年多不贱，五陵裘马自轻肥"。一哨人马，真真好不潇洒。《芝加哥论坛报》的建筑评论家布莱尔·卡明（Blair Kamin）曾获普利策（Pulitzer）批评奖，但说起哥伦布，也谓之“建筑师的麦加”。

走在连自行车架都被做成艺术品并成为城市标志“C”的这么个地方，你会不经意间，想触摸这些天才的思想。城市的所谓一言难尽，爱恨交织，往往是因为那些庞然的建筑，笼罩你、压制你，是你须臾不可离的现代生活，也是你无法飞越的水泥疯人院。然而，在哥伦布，建筑给你的直觉是“温良谦恭让”的。贝聿铭在巴黎卢浮宫金字塔的入口，把大量的光线引入暮气沉沉的博物馆，“没有了光的变幻，形态便失去了生气，空间便显得无力”。他也把这束光牵引进克里奥·罗杰斯纪念图书馆（Cleo Rogers Memorial Library），透过玻璃，光漫步在图书馆的墙体和地面上，于是就有了一座光的庭园。

像《圣经》里说，“于是有了光”，也便有了人的气息。

贝聿铭于哥伦布的最大意义恐怕就是彰显了建筑“爱人”的“仁”意。他特意为哥伦布市立图书馆设计了一个广场，“伊利尔·沙里宁的教堂，我们的图书馆、摩尔的拱门，欧文的家，在这个开放的空间里并非简单汇集而是相得益彰的”。于是，散步、集会和听音乐的哥伦布人才有了“真正的城市公共空间”。所谓英雄惜英雄，贝聿铭提议英国雕塑家亨利·摩尔（Henry Moore）为图书馆前的空地设计“大拱门”，摩尔心有灵犀，“受巨石阵的启发，要做一个可以流连绕行之地”。重量正好是一头大象的拱门，成了孩子们最爱奔跑环绕的“象腿”。握住第一基督教堂的门把手，一瞬间也会被爱意击中——即使是严冬，与包裹的皮革，也会是温存的接触；厚重的木门，边沿被打磨成弧形，方寸之间是对每一只手的体贴。金钱至上的俗世，很难想象银行会低于周围的建筑。但是埃罗·沙里宁把欧文联合银行做得更像一座市中心的舒缓公园，他邀请景观设计师丹·凯利（Dan Kiley）将它隐映在小叶椴树、天竺葵和秋海棠错落交替的大面积绿化中，在美国第一个为银行设计了低矮透明的玻璃幕墙，创造性地将盛气凌人的压人气势，改写成了友好的开放姿态；而如此有实力的低调仅仅只是为了“缓解市中心的拥塞”。

建筑在哥伦布，不是禁锢与规训人的凝固囚牢，而是为人服务的无声问候。

建筑因此在这里格外地亲近人。美国《国家地理旅行者》杂志评出全球"109个必游之地"，哥伦布排名十一，因为"它是货真价实的、独一无二的和原汁原味的"（authentic、unique and unspoiled），也完全可以拟人地翻译成"可靠的、独特的和本色的"。这难道不是一个高大上的天才形象吗——最深的谦卑、最高的低调和最强的实力。"因为懂得，所以怜悯"，哥伦布的建筑在与人的深刻交流中，带上了人的性格和气质——"人"在这里成为了建筑最真切的关怀，建筑因此已经反过来成为了物化的人。埃罗·沙里宁说："当我站在圣彼得面前时，我能够说这个小教堂是我一生的建筑中最好的之一；因为它是有真的灵魂的，它为所有的基督徒代言，是他们信念的见证人。"

建筑于是有了人的灵魂。苏格拉底说，"无灵魂的生活就失去了人的生活价值"，没有灵魂的建筑也是毫无生气的，对人而言更失去了审美的意味。1942年建成的第一基督教堂是美国第一个简约现代风格的教堂，作为路

由大拱门、教堂和图书馆构成的城市公共空间。

德派牧师的儿子，伊利尔·沙里宁扬弃了哥特式和乔治王朝式样的奢华风格，本着内心的朴素信仰，只将服事人的圣餐台居于正中，而将讲堂的过道、讲道台甚至十字架都移向一边。不对称，是沙里宁的，也是这座教堂的灵魂。这个移动，在建筑史上乃至教堂发展史上无疑都是勇敢的宣言，直言不讳地点明了“上帝爱人”的基督精髓。在第一浸会教堂目力所及的四壁上，哈利·威斯没有给我们看见窗户的可能，但这座教堂的灵魂却是“光”。礼拜的日子里，在这样戏剧性的宁静氛围中，只有圣坛顶上的小窗，将一缕阳光从东边投向十字架，慢慢注满条条原木拼成的本色墙壁——提醒黑暗中木然祷告的人们，这才是“世上的光”。在这样的互动里，人、自然与建筑，像同一个灵魂注入了三个身体。肉体的和精神的，尘世生活与灵性向往，一起迸发出一样的心跳，达成一样的瞬间的永恒。

所谓气质，正是这样一种此地无声胜有声的精神力量；所谓有灵的建筑，正是人类这样的诗意栖居之所。在创作的过程中，建筑师早已是灵魂的工程师和激

第一浸会教堂内景。

活灵魂的艺术家。无数的人感受过灵魂的重要，“人类的灵魂真是个精灵，它能把一根稻草变成金刚钻；在它的魔杖指挥下，迷人的宫殿出现在眼前，就像田野里的花儿，一朵朵在太阳热力的烘暖下绽开那样”。如果你不信巴尔扎克的话，只要来看看哥伦布的“黎明女神艾奥斯（EOS）”，她每天拂晓擦干眼里的露珠，拨开前夜的海上迷雾，让她的哥哥太阳神驾着马车给世界带来光明。然而，她原本只是一堆废铁和钢条，是艺术家德萨·柯克（Dessa Kirk）在木材场里把她拼出来。他一定是给了她一个艺术之吻，唤醒了如此性感撩人的身体和妩媚蓬勃的灵性。这个吻，是艺术家的爱，是艺术品的灵魂。

艺术家是给作品灵魂的那个人。前提是，他自己要有灵魂。约瑟夫·欧文·米勒（Joseph Irwin Miller）先生是哥伦布这座灵性小城的灵魂人物。作为实业家、慈善家和政治活动家，他建立的“康明斯基金建筑项目”（Cummins Foundation Architectural Program），赞助了如此之众的建筑精英，他们云集到这座中西部的小城，将“建筑师的实验室”建设成了“牧场上的雅典”（Athens of

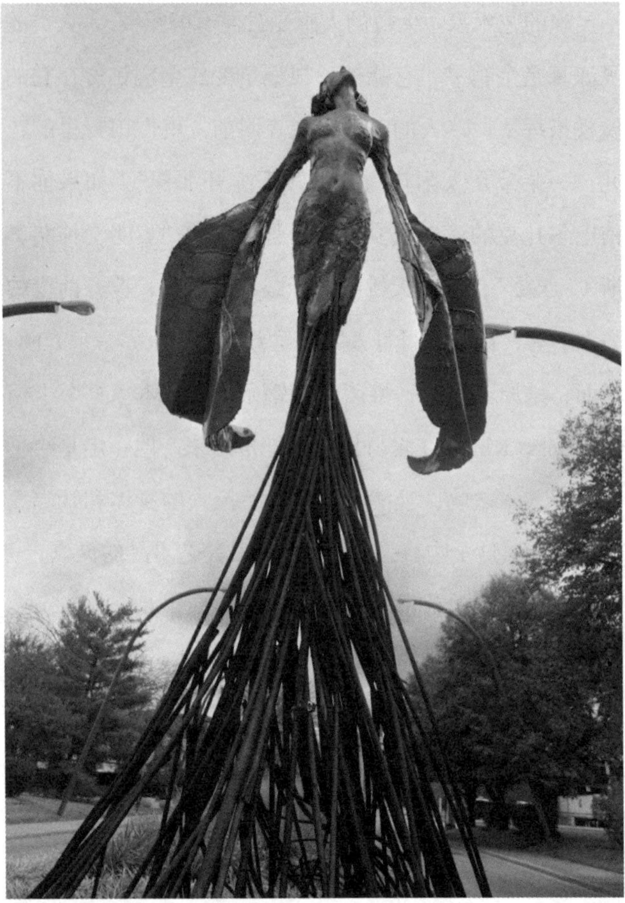

哥伦布街头的黎明女神像。

the Prairie)。米勒先生的远见卓识，在于他那么早就意识到，艺术可以引领人民由富而贵，迈向有灵的生活。生产发动机的康明斯成了建筑师灵魂的发动机，甚至可以说成为了这座城市的发动机。它让艺术家在这里启动艺术灵感，挥洒艺术才智，展现艺术灵魂——它把哥伦布变成了灵魂的空间。

什么样的人才会如此渴望灵魂的空间？哥伦布的扎哈拉克丝（Zaharakos）冰激凌店（准确地说是冰激凌博物馆），用114年的光阴做了回答。踏上1890年代的枫木地板，直接穿越到十九世纪，在用了百年由红木、大理石和镜子做成的五十英尺吧台上，买个古法手工炮制的冰激凌，坐上雕花木桌，在蒂凡尼玻璃灯下，投一个硬币，从1908年能模仿182种乐器的自动风琴（Archestrion）中选个曲子——古典曼妙的乐声里，浓郁甘饴的古早滋味荡漾开来，像甜美的记忆，像化不开的希腊的乡愁。

在纷乱的流逝时光里，有一点还是明确的。七十多年前，欧文·米勒与埃罗·沙里宁在这里谈论建筑和设

扎哈拉克丝百年冰激凌老店内景。

计，吃着的是今天我也吃着的冰激凌。最需要灵魂的空间的，是那些永远挚爱甜蜜生活的人们；而那些最朴质的灵魂，那些最贴近灵魂的创造，一如最纯美的滋味，其实一直都在那里，恒久不变。

2014 年 11 月 6 日于美国印第安纳州首府印第安波利斯

本文 2014 年 11 月 14 日以《哥伦布——给灵魂以空间》为名，首发于美国《亚美导报》。

乌托邦的迷宫

中学的政治课上，是背过“罗伯特·欧文”和“空想社会主义”的名词解释的，那样的时光里，小和尚都在念经。三十多年过去，等闲平地起波澜。不知道如今的课本里，是不是还残留背诵的作业；但很清晰地记得，双脚踏上欧文建设的“新和谐镇”的一瞬，中年的心脏，仍有高歌《国际歌》的冲动，“不要说我们一无所有，我们要做天下的主人”。

一代人和一代人的情结。

“新和谐镇”（New Harmony）在美国印第安纳州埃文

斯维尔市区的郊外。驱车穿越瓦巴希河畔的丘陵，起伏广袤的玉米地和人烟渺渺的旷野尽头，就是这个九百多人的小镇——她居然是个真实的存在。

政治课的老师记不得了，但是记得他的唠叨：空想社会主义失败的原因是因为生产关系超越了生产力的发展。十来岁的懵懂少年，可怜一个句子里，只明白“失败”两个字。老师没有告诉过我们，其实欧文一败涂地，而且嵌入一代又一代的哲学家、政客和无辜学生脑海里的这个乌托邦只迎来过两个春天。

我们死记硬背的，怕只是个谜面。

1824年，罗伯特·欧文（Robert Owen，1771—1858）带着儿女，与好友威廉·麦克卢尔（William Maclure）横渡大西洋，同行的还有一众追随者。在英国已然是成功实业家和社会改革者的欧文，曾在新拉纳克（New Lanark）工厂采取人性化管理，使其成为生活质量上佳的“新和谐公社”（今天已是世界文化遗产所在地），公社里有劳工食堂、夜间娱乐中心、性格陶冶馆、幼儿园、工人宿舍和消费合作社，工人的劳动时间从十三四个小时缩短到十小时，还设立了医疗和养老金制度。新拉纳克成了资本主义泛滥罪恶中的净土，名震朝野，连俄国尼古拉大公也专程来访。工业革命催生了欧文去思考公有制和大生产之间的关系，这些举措无疑顺应了当时以大规模工厂化生产取代个体工坊手工生产的历史潮流。回望两百年前的英伦，我们心中仍会激起熟悉的涟漪。有过国营大厂生活经历的人，谁会忘记灯光球场夏夜的露天电影、大食堂自制的便宜冰棍、按工龄分配的宿舍楼里煤球炉的烟幕、子弟学校说方言的班主任、上下班大喇叭永远高亢的《大海航行靠舵手》？欧文天上可知，他的理想在遥远东方几代人的生命记忆中，有过这样长久而真切的印记？

欧文漂洋过海，希望在“新世界”实践他的“有道德的新世界”，并修正在新拉纳克社区建设中的缺憾，希望经由教育、科技和公众生活，建设一个始终快乐、开化和繁荣的社会。欧文选择了“和谐镇”（Harmony），因为它是现成的，屋舍厂房俨然；而且欧文以为精神上也是现成的，它本来已是公社。1814 年，以乔治 · 拉普（George Rapp）为首的虔信派德国移民来此拓荒，以时价两美元一英亩的价钱买下了两万英亩的土地，建起了他们在美国前后拥有的三个“和谐公社”中的第二个。十年间，他们以原始公社的方式生活，分工合作，售卖纺织品和园艺产品，建造了教堂、商店、学校、街道和一百八十座房屋，人口达八百五十人。他们认为自己是上帝的选民，信仰末世论，坚信基督耶稣很快就会再次降世，带领他们从这个地上的天国去到上帝的天堂。所以，家庭生活是禁欲的，单身男女都以兄弟姐妹相待，分住在男女分开的集体宿舍中。

走进今人复原的一座座原木屋，有面包作坊，每星期轮流由专人负责烤制整个社区一个星期的面包；有织布坊、磨坊、酒坊，大家分工合作，集体劳作、按需分配。生活区，看到的木床是狭窄的，屋里几乎没有装饰，完全是清教徒的风格。触目的是每个床下都有一只小皮箱，在这个社区里，所有的物品都归公，仅有这只小皮箱可以装私人物品。如果不遵守财产共有的原则，就必须拎着这只皮箱脱离社区。

我无法遥想当年。

一只皮箱装得下我所有的欲望吗？恐怕只有笃信上帝，坚信一言一行都是成为上帝选民进入天堂的必然功课，才能有如此定力吧。在类似中国北方干打垒式的土墙后，刻着“和谐镇”居民的留言：“1824 年 5 月 24 日，就要出发。上帝啊，以您的伟大和仁慈，保佑我们的身体和灵魂吧。”他们在这一天启程迁回了宾夕法尼亚州，将“和谐镇”以时价十五万美元转卖给了欧文。

然而，欧文将其改名为“新和谐镇”时，他想建立的并不是这样的“宗教乌托邦”，而是一个没有剥削、没有压迫、人人劳动、财产公有的“社会乌托邦”，力主在社会理论、教育体制和科学发现等领域进行改革。他强调教育对人格的熏陶，建立了剧场、学校；规定全体公社社员，按照年龄大小从事有益的学习和劳动。然而，与先前的“和谐公社”相比较，“新和谐公社”既没有虔信派那样的忠诚信仰和强大的精神领袖，又缺乏任劳任怨的熟练工匠和充沛的劳动力。剧院每周有戏，学生都在上课，可是工厂作坊却时常停产关门。“共产主义者、流浪汉、冒险家、骗子”，各色人等，蜂拥而至；

一千二百多居民里，脑力劳动者多过体力劳动者。欧文对宗教信仰自由的排斥，也赶跑了很多潜在的合作伙伴。两年之后，欧文入不敷出，“新和谐镇”难以自给自足，在一个极寒的冬季过后，无以为继，宣告破产。站在当年的教室里，我倒是突然清醒地明白了中学政治课上的另一句话：上层建筑必须建立在经济基础之上。

“长桥寂寞春寒夜，只有诗人一舸归”，欧文最后终老英伦。有意味的是，欧文的乌托邦社会主义实践失败了，但是由此带来的科学家、艺术家将“新和谐镇”建成了美国自然科学尤其是地质学的中心，直接或间接地引导了美国教育和科学未来发展的道路。特别是欧文留在美国的几个儿子对印第安纳州影响甚大。大儿子罗伯特·戴尔·欧文（Robert Dale Owen）在代表印第安纳州出任美国议员期间，签署了建立史密森学会的协议，这是美国最重要的博物馆机构，造就了华盛顿特区盛大的博物馆群；他还成功助推了离婚自由的法律。三儿子大卫·戴尔·欧文（David Dale Owen）是地质学家，在美国西北做了大量的地质普查。小儿子理查德·戴尔·欧文（Richard Dale Owen）在美国内战中做过上校，还是普渡大学的第一任校长。

今天“新和谐镇”历史街区的赞助人，是慈善家简·布莱弗·欧文（Jane Blaffer Owen），这位老欧文的曾曾孙媳，希望两代“和谐公社”的历史遗产能够持续激励人们将乌托邦从乌有之乡建设成现实天堂。她资助了很多建筑师、景观设计师来这里修复古建，并新建了极富当代创意的公共空间和多座教堂，以待“新和谐镇”成为当代的“精神乌托邦”。镇上的无顶教堂仿佛是她心愿的标识，在这座没有屋顶、没有座席的教堂里，人和天空离得很近，脚下草根深埋，鲜花遥远。如今，九百多人的小镇上大部分是认同乌托邦理念的知识分子、艺术家和手工艺者；街道上颇多艺术装置、街心公园和公共雕塑；迎面所见的都是神色悠闲、装束得体的中老年者；街角的“黄色酒馆”几经重建，还可以买到当年的德式“炸猪脑汉堡”，那是第一代清教徒物尽其用、节俭生活的遗迹；当年欧文公社的议事厅现在变成了社区活动室，人们正在为晚间一对新人的婚礼忙碌；画廊、餐厅、酒吧和艺术家工作室散布在静谧的绿荫中。当然，

“新和谐镇”上的无顶教堂。

据说每年的文化遗产周，这里也会人潮汹涌，热闹非凡。

这就是所谓的乌托邦吗？是那么多人倾家荡产，甚至献出生命的事业所在吗？是我们的父辈曾经为之骄傲为之奋斗为之死伤无数，如今面临质疑的那个梦想吗？游客中心的黑板上，写满各种文字的缅怀和感想，我在上面迟疑地加上了四个汉字："天下为公"。我们这一代人的记忆仍然是被规训过了的，装着太多未必被真正理解了的真理。

于我，乌托邦仍旧是个难解的谜。

我无法生活在"宗教乌托邦"里，我有七情六欲，也不确定会有来世。我无法生活在"社会乌托邦"里，我觉得人人都有选择信仰方式和生活方式的自由，不愿意生活的每个细节都被某个机构统一规划。我也无法生活在"精神乌托邦"里，我怀疑这是有钱有闲阶层的生活样态，更担心所有人整天都在清谈的社会最终会饿肚子。

"新和谐镇"上有两个好玩的迷宫，一模一样的。一个在城南，是 1939 年重建的有四个入口的篱笆围城。走进森然的冬青树丛，我有点迷茫和胆怯，但沿着走，很顺利地就到达中心，看见一个六角形的小小神龛，内壁画着圣母像。据说当年“和谐镇”的人们在劳作一天后，会跟在神父的背后，跟读背诵经文，一圈一圈地走一遍这个迷宫。早在十二世纪，走迷宫就是基督徒象征性的冥想仪式，欧洲的沿海渔民在出海前都会郑重其事地走走迷宫来祈祷平安。另一个迷宫在镇图书馆的旁边，当代风格的石面上划出行走的轨迹。来镇上的人，多喜欢在这个时尚的新迷宫上玩耍。孩子们在中心点四周奔跑嬉闹，嘻嘻哈哈地跨过所有的界限；倒是很多大人，按照旁边的指引，默念着心里的爱人与疑惑、挣扎与纠结、大秘密与小确幸，虔诚绕行。与其他地方的迷宫不同，“新和谐镇”的是单轨迷宫。你只要沿着它的轨迹走，尽管绕过来绕过去，要花一些时间走不少的路，但是，一定没有歧路，一定不会碰壁，然而，也不存在任意选择的道路，只有沿着这唯一的路，才能达到终点。

这个迷宫是“新和谐镇”的镇徽，实际上它是十二世纪建造的法国沙特尔主教座堂（Chartres Cathedral）里迷宫

“新和谐镇”的新迷宫。

的复制品。年近半百的我，站在异国他乡的“和谐”土地上，若有所思：儿时游艺的迷宫，确实有某种宗教性的人生隐喻在——那些犹豫和弯路、那些期冀和目标，那些最终引领我们的平安、救赎和圆满，那些道路、真理和生命。

迷宫的中心，应该就是乌托邦了吧。

历史上与欧文齐名的空想社会主义者还有法国的圣西门和傅立叶，但尝试过实践过的，却只有欧文；他的成与败，因而闪烁着别样的光辉。“新和谐镇”迷宫的不远处有个大喷泉，基座上写着哲学家奥古斯丁的名言：It is solved in the walking（道在道中）。

2015年4月初稿于美国印第安纳州首府印第安波利斯初春

2016年8月修订于上海酷暑中

本文2016年10月14日以《“和谐社会”的迷宫》为题，首发于美国《亚美导报》。

致伟大的传统

五月的最后一周，印第安纳大学看似简约的校门（Sample Gate）前。红白相间的郁金香换成了红白相间的报春花。太勤快的园丁啊，暮春时节，温润潮湿，一些暧昧慵懒，一些悠然花谢，也该是应景的吧。

24 日傍晚，我在校门前等柳米拉（Liubmila），这个高挑的俄罗斯女郎总是跳跃着姗姗来迟。走过去七八分钟，就是六街上的第一长老会教堂。等待我们的，是“布鲁明顿早期音乐节”（Bloomington Early Music Festival）的第七场演出。“早期音乐”指的是七世纪到十九世纪，包括中世纪、文艺复兴、巴洛克和早期古典音乐时期的欧洲乐曲和剧目。在美国，早期音乐的爱好者有自己的非营利性机构（Early Music America），他们拒绝简单地“接受传统”，排斥对经典故纸堆式的阐释，而是致力于通过修复古董乐器、释读研究文献、复排并演出原始手稿，来复活继而重创先辈古老的音乐世界。布鲁明顿实际上就是以印第安纳大学为主体的大学城，她的早期音乐节是很年轻的，规模较小；但也面向公众，全部免费。今年的演出场地相当开放，上午是在集贸市场（Farmer's Market）和市政厅（City Hall）中庭，午后则是雅皮士风格的酒吧（Rachael's Cafe）和博物馆（Mathers Museum）外的草地，傍晚就在县法院（Monroe Country Courthouse）大堂和教堂（First Presbyterian Church）布道台。百年前的爱尔兰传统民谣，中世纪欧洲田园牧歌剧和宗教赞美诗，巴洛克时期的意大利歌剧，穿越时空而来。人们衣着随意，表情轻松。穿着跑鞋听歌剧，草地斜躺听提琴，恐怕也算音乐会的风情。

当晚的演出名曰《甜蜜的激情——意大利音乐之夜》

草地上的音乐节。2014年5月20日，马瑟斯博物馆（Mathers Museum）。这场歌会纪念民间音乐家罗特斯·迪基（Lotus Dickey，1911—1989），印第安纳州南部的传统民谣歌手、词曲作者和乡村小提琴手。他的儿子斯蒂芬·迪基（Stephen Dickey）和儿媳南希·迪基（Nancy Dickey）在音乐节演唱了他的代表作，是带有浓厚英国民谣风格的歌曲。

（Passioni Dolci：An Evening of Italian Music）。那些眉飞色舞的爱情咏叹调，十六世纪至今晚，余音不绝。重返单身的我们俩，深陷甜蜜的折磨。歌者头戴橄榄枝，着以素色大披肩，载歌载舞，营造出郊野山川之境中的爱恨情仇，与京剧的写意风格倒颇有几分相似。其中歌剧《奥菲欧》（L' Orfeo）的两个选段，取材于希腊神话，版本众多。当晚翻唱的是意大利人米开朗基罗·罗素（Michielangelo Rossi）的本子，1647 年 3 月 2 日在巴黎首演。音乐声起，脑海中突然跳出《牡丹亭》，汤显祖折腾爱情，是 1598 年，几乎是同时，一致为爱，出生入死！且看，第一幕在优美的原野，奥菲欧（Orfeo）与尤丽狄西（Euridice）相爱，奥菲欧以"天上的玫瑰、人世的生命"咏叹爱情的美妙，岂不就是"为你如花美眷，似水流年"？尤丽狄西以"这么大的快乐不可言传"作答。那还是汤生磊落，"是那处曾相见，相看俨然，早难道这好处相逢无一言"，一语道破了只可意会的人之大欲。《圣经·创世纪》所谓"骨中的骨，肉中的肉"，必将"成为一体"一说，倒也是不遮掩的。第二幕爱情被情敌设计陷害，尤丽狄西被毒蛇咬死；奥菲欧唱出了著名的咏叹调“我的生命已亡”，发誓赴阴间夺妻。若汤生得知半个世纪后西土有知音如此，一定会在杜丽娘的名后，加上奥菲欧的——如杜丽娘、奥菲欧者，“乃可谓之有情人耳。情不知所起，一往而深。生者可以死，死亦可生。生而不可与死，死而不可复生者，皆非情之至也”。为爱勇赴黄泉，穿越阴阳，生死不渝。普天之下，古典的人儿，一样的激情。在激情中永生，在爱中赴死，似乎都是甜蜜的成全。不巧的是，当天下午我看了电影《花容月貌》(*Jeune et belle*)，法国人总是因情色而宽容深刻或者尖锐浅薄——导演弗朗索瓦·欧容（Francois Ozon）踏踏实实地，让功成名就的老男人香艳地暴毙于援交少女的胯下。解释春风无限恨，云雨巫山枉断肠。阴谋与爱情、生死与抵抗，千百年来，搅碎了多少红尘男女的心肠。

坦白说，音乐节的八场演出，各异其趣；而论惊艳与经典，恐怕要提一提《夏季来临》(*Sumer is icumen in*)，最著名的中世纪英国歌曲。它的手稿寂静地躺在大英图

歌剧《奥菲欧》(*L'Orfeo*)一幕。2014年5月24日，第一长老会教堂。后伴奏乐器之一为低音古提琴，与大提琴不同，它是六弦而不是四弦，正手而不是反手拉弓。

书馆，有错综跌宕的六个复调，是对位法最古老的例证。复调音乐孕育发展于九世纪到十五世纪，与教堂的宗教活动密切相关。复调音乐的每个声部地位独立平等，互为和声和节奏。对应的音乐结构和套叠的旋律呼应，造成此起彼落、波澜起伏的效果。我国西南少数民族如哈尼族也有这样的多声部民歌。23 日晚，县法院中庭，二男四女，一人一调，前呼后应，相映成趣。“夏季来临，布谷鸟，你高声地唱吧。种子发芽，鲜花满地，草木葱茏。羊羔咩咩，牛犊哞哞。犍牛跳得欢实，公羊放屁震天。唱吧，布谷鸟，你的歌声如此美妙！快乐地唱吧，你的歌声永不停歇！”1250 年左右的威塞克斯（Wessex）方言，亦庄亦谐的泥土芳菲；鱼贯而入的行动乐音，真人版的立体声效果。刹那间，直觉寒毛直立，心房颤动。如果不是在这座有着哥特式穹顶的中庭现场聆听，真是无法感受建筑、音乐、历史和文化的奇妙共鸣；如果没有文字的记录和语言的传承，真是无法知道原来八百年前的异域之人，其实与我们有着一样的情怀；如果不是艺术家的亲身演绎，真是无法想象纸面上静静的音符是如此动人心魄的天籁！生如夏花的绚烂，万物蓬勃的生机，永生永世，一唱再唱。

25 日周日的下午，理查咖啡馆（Rachael's Cafe）满座，我和柳米拉站在门口。半途也进来风尘满面的背包少年和披着布毯的中年乞丐，他们安静地坐到了演出结束，闷热的空气里多出了生猛的荷尔蒙味道。返回的路上，柳米拉祥林嫂式地讲述着她的男人们，经过校门口的星巴克咖啡馆，不得不喝一杯了。点单的时候，居然看到这几天演出中那张神气活现的面孔，他说是呀是我呀，我在这里读中世纪音乐的研究生呢。

让我们致敬伟大的传统吧。几度夕阳红，青山依旧在。原来我们的所爱所恨，从来就没有改变太多。那些生命之花和爱情之苦，那些旅途和旅途之中的慰藉，那些薪火和传递薪火的少年郎。传统之所以可以传，也必须传，是因为传统是活的，不变的情感共鸣从来都不需要解释，可以回望的精神故乡总是清晰可溯。

五月，春风沉醉。连着一周，听着遥远时代的乐声，如 23 日的演出名字一样，经历了“一次穿越世纪、文化和生活之路的旅途”（A Journey Through Centuries, Cultures, and Walks of Life）。希腊的传说，文献的记载，借真声和实物复活。看到维尔琴（Vielle）、维奥尔琴（古大提琴，意大利语 Viola da gamba）和直笛（recorder），想起大提琴、小提琴和黑管，真是似曾相识燕归来。柔和低沉的簧片音，质朴直接的管乐，像催眠曲，悠悠然，催人走回时间的隧道，恍然间可以遇见莎士比亚或者巴赫，朦胧又真切地相望。

看山思水流，触景进乡愁。只有两百多年建国史的美国，本无所谓乡愁。然而，早期音乐节引领百姓踏上穿越的旅途，与故人和故事隔世重逢。可感的音像、文字和典故被动员起来，以活生生的方式引领人们回溯人类的历史和文明，令人心安地为大众构建了理想的文化源流，将欧洲和其他地区的文化传统巧妙地接续到美国百姓的身份认同中，从而成功了创造了美国的国家形象和国家概念。布鲁明顿只是美国中西部一座不大的小城，临近的州府印第安纳波利斯的早期音乐节今年都办到了第 48 届，更遑论那些以文化传播著称的东西部大都会。

认同世界上任何一种优秀的文化并将其融入美国的文化血液中，是美国之所以成为美国的动因。

我们当然也有伟大的传统。楚之骚、汉之赋、六代之骈语、唐之诗、宋之词、元之曲。若论久远，中华传统不让任何文明，更不论华夏文化的相承一脉和民族融合带来的丰富性。血流不息方能生命不止，传统的延续和文化的阐释本是国家的基因工程，决定着每个普通人的国族身份认同。当代中国，当传统越来越变成少数人的自娱或者博物馆的存档，直至沦为被简单贩卖的商品的时候，我们是否也有人愿意这样虔诚地致敬？准确地说，我们是否意识到传统关乎每个人的价值观和身份感？是否也能真诚地面向百姓，将历史慷慨的馈赠无私、勤奋、巧妙地再述说再阐释再创造？

2014 年 6 月 19 日于美国印第安纳大学民俗学与民间音乐系

本文以《传统是活的——布鲁明顿早期音乐节见闻》为题，于 2014 年 8 月 11 日首发于《文汇报》“笔会”版。

三个女人一台台的戏

皮影戏是中国传统的民间戏剧艺术，演员借助灯光和幕布，配合唱腔，通过操纵用驴皮等材料制作的偶像，来表演情节各异的故事。皮影戏在中国历史久远，一般认为出现于汉，成熟于宋，兴盛于清。元代传到南亚和阿拉伯半岛，于十八世纪中叶传到欧洲各国。二十世纪以来，随着现代影视艺术的兴起，皮影戏在中国日渐式微。

2006 年皮影戏被选入中国国家级非物质文化遗产名录，2011 年入选人类非物质文化遗产代表作名录。如今，即便是在中国，想看一场真人演出也绝非易事。然而，在远隔重洋的美国，几乎整个二十世纪，都有美国人在坚持演出中国皮影戏并在本世纪与时俱进，不能不说是一部传奇；而这个不同寻常的故事，由一位男士引发，并与三位女士的生命历程紧紧地连在一起。

中国皮影最早是由精通汉语的德裔美国犹太人、东方学家贝特霍尔德·劳费尔（Berthold Laufer，1874—1934）博士带到美国的。1902年，得到著名人类学家弗朗茨·博厄斯（Franz Boas）的推荐，会多种东方语言的劳费尔受雇于纽约美国自然历史博物馆，以独立研究者的身份参与由银行家和慈善家雅各布·希夫（Jacob Schiff）资助的“希夫探险计划”。他用当时堪称巨款的600美金，从北京一个行将倒闭的皮影戏班手里买下了他们的全部家当，加上其他收集，共有超过500件的华北木偶，包括皮影偶、棒偶和手偶；他还买下了戏台、道具、全套乐器和全部剧本；并用胶片和蜡筒留声机记录了一些演出实况音像。“救之于旦夕之危”（I saved them in the last hour），从小热爱戏剧的他回到美国写下的这句话，不想成为影响了一个世纪的预言。

1908年至1934年，劳费尔博士就任美国芝加哥菲尔德自然历史博物馆（Field Museum of Natural History）亚洲人类学部主任，他以这个身份从1908年到1923年走遍了四川、河北、北京和上海等大半个中国，收集了各个朝代共计19000件文物。1923年他综合自己的亚洲收藏，策划了包含近三十个专题展的系列展“东方戏剧”（Oriental Theatricals），其中的重头戏就是中国皮影。这个轰动一时的展览后来被一位叫宝琳·班顿（Pauline Benton，1898—1974）的女士在被采访时反复提及，也正是她，让这些静静躺在博物馆里的中国魅影，开始了在美国复活并演出的百年传奇。

班顿青少年时期跟随教育家的父亲在欧洲和亚洲生活，1923年这名25岁的美国青年到北京探望姨妈艾玛·孔纳兹（Emma Konantz）女士。姨妈当时在燕京大学任数学教授，是位热爱收集古玩的中国通。为满足班顿的好奇心，她千辛万苦地找到了当时已为数不多的一个皮影戏班，来自己的四合院里演了一出《竹林记》（又名《火烧余红》)，“刘金定招来天兵天将助阵，驾着筋斗云，挥舞着宝葫芦、风火轮”，班顿后来在笔记里记下穿梭于台前幕后那个惊呆了的自己，原来在芝加哥博物馆瞻仰过的劳费尔博士的收藏是真的有过生命的，艺人们“确切无误地操纵着所有角色”，千军万马，风雨雷电，招之即来。班顿恐怕没有料到自己的一生会由此改变，成为与之苦乐相随并广为人所知的“影了·女士”。

在姨妈的帮助下，班顿结识了会说英文的滦州皮影世家传人李氏。皮影戏班是男人的领地，何况那时候仍有男女授受不亲的遗训，李氏并不能耳听面命地指导这个闯进皮影行的异国女性。班顿只能通过旁观和听训来学习。在掌握了基本技巧之后，她又于二十世纪二三十年代，多次往返中美观摩演出，收集皮影。在发现这门民间艺术在当时已有衰亡没落之势时，发愿要把她留存下来。1932 年，班顿在纽约成立了红门剧社（Red Gate Shadow Players）。1936 年她最后一次离开中国，为在美国演出能有最佳效果，她定制了成百件皮影、成套的道具和乐器；这些皮影用料考究，高 15 到 18 英寸（比如，许仙和白蛇的形象更是高达19英寸，即48厘米)，比滦州皮影的传统尺寸大出许多。

班顿手里有当年姨妈请人翻译的中国传统皮影剧本，还有劳费尔博士辑录编译的部分文献，她以这些为脚本，依据美国观众的喜好再进行改编。演出时，用英文念台词，用自创手法、自创乐曲演奏月琴、扬琴、二胡、鼓和锣等中国乐器，当时有评论说这些音乐“比正统中国戏曲的伴奏听上去柔和得多”。班顿的剧目多是民间传说和神怪故事，颇有异域风情和浪漫精神，如《白蛇传》、《嫦娥奔月》和《蟠桃会》等，也有《竹林记》这样的英雄传奇。在大萧条和第二次世界大战时期的美国，社会情绪极为紧张低迷，红门的演出传递着古老乐观的正能量，给人希望和力量。无怪乎全美巡演，从加州到佛罗里达海岸，所到之处无不受到了热烈欢迎。红门剧社一度受邀在罗斯福总统执政时期的白宫演出，并曾为抗日战争中的中国多次义演筹款。这位没有伴侣和子女、全身心奉献给皮影戏的非凡女性，一直坚持演出到1974年因脑癌过世前的两年。依据她的遗嘱，红门剧社的珍贵

班顿的《白蛇传》皮影在载玻片上。（中国戏剧工作坊授权使用）

皮影，一半捐赠给博物馆，一半常用的皮影和戏台、笔记以及皮影书籍一起封存在一只木箱里，“务必留给能真正用到它们的同好”。

有缘人终于奇迹般地出现了，她叫乔·韩佛瑞（Jo Humphrey，1927—　），德裔美国人。韩佛瑞在多元文化气氛浓厚的海港城市波士顿长大，她的家人早年到中国经商，使她从小就对东方的文物和艺术很感兴趣。1940年代，韩佛瑞在马萨诸塞州念高中时，红门剧团曾到她的学校演出，皮影鲜艳的色彩给她留下了极深印象。后来她在南加州大学戏剧系学习表演，对世界各地的民俗艺术有很深的认识，尤其是完美结合了戏剧与东方文化的中国皮影。1972年，当时还是戏剧导演的韩佛瑞在美国自然历史博物馆的特别开放日，看到了劳费尔博士的亚洲皮影收藏，她对影偶人物形象的熟稔使其获聘辨识并整理这批文物，之后还帮助策划了中国皮影特展。观众们反复问她，“这么漂亮的影偶真的会动吗?”，这激发了她唤醒它们的热情。但是当时正值“文革”，到中国学习是不现实的。1974年到1975年，她以戏剧科班出身的功底，组织了一个长达半年的“中国皮影工作坊”，与朋友一起对皮影进行了创造性的利用，并于 1976 年（龙年）成立了“悦龙皮影剧团”（Yueh Lung Shadow Theatre）。1980 年中国开放私人入境游，不会汉语的韩佛瑞立即只身到中国探寻皮影戏，前后共 5 次，她甚至在洛阳找到一家民间祖传戏班，跟着祖孙三代学到不少皮影秘笈；等她最后一次到河北唐山来演出，已经是 78 岁的老人了。

至 1999 年退休，韩佛瑞在 24 年的时间里，亲任编剧和导演，仰仗她对戏剧以及中国古典文学和历史的丰富知识，将《辕门斩子》《打渔杀家》《钟馗捉妖》《草船借箭》和《十五贯》等有着深厚历史文化底蕴的传统剧目改编成了皮影戏。最初她去鼓店买牛皮，照着劳费尔的文物皮影刻制影偶；请人用英文、粤语和普通话，录下不同版本的台词对话，再配上中国音乐，让演员们配合录音来操纵影偶。虽然与传统唱腔式的中国皮影戏相比，韩佛瑞的版本乡音已改，但是风头不减，别有另一种忠实于原著的十足魅力；台下的很多美国观众都是剧团的忠实粉丝，年老的华人移民看了更是唏嘘不已，带着第二代第三代来感受中国文化。韩佛瑞在纽约出版了相关教材《美猴王：中国表演艺术》，也把普及课程带进美国众多的中小学课堂。韩佛瑞的皮影实践在全美声誉日隆，除在各地巡演并受邀在联合国、美国民俗博物馆演出外，更远赴希腊、法国、德国和荷兰等欧洲城市巡演。班顿的挚友麦希娜·卡伦（Mercina Karam）得悉后，在1990年代早期找到了韩佛瑞，转交了蒙尘已久的一箱皮影。获赠后，韩佛瑞不仅拥有了更多鲜活的演出皮影，她也把其中的部分精品修整装裱起来举办巡展。随着部门的增多，1993年“悦龙皮影剧团”更名为“金山传统影戏学会”（Gold Mountain Institute for Traditional Shadow Theatre）。

韩佛瑞接班人的出现也颇有命定的色彩，她的“悦龙皮影剧团”招了几名台湾留学生兼职。1983年的一天，她去华人聚居的法拉盛公寓走访他们。冯光宇（Kuangyu Fong，1955—　）正在楼道里和同学唱戏嬉闹，那时的冯刚从台湾中国文化大学戏剧系毕业，到纽约大学攻读戏剧教育硕士。虽然听不懂中文，但韩佛瑞还是一眼看出了冯的京剧功底，马上邀请她到团里翻译、配音并教授演员中国传统戏剧的知识，比如，京剧人物是如何骑马走路的，大家闺秀与侍女的动作有何区别。有意思的是，尽管在台湾也是学习戏剧，但起初冯对古老的皮影戏并不了解，是这位美国人手把手地教会了她操纵皮影。无巧不成书的是，这期间，冯遇到了同在纽约大学表演艺术研究所攻读硕士学位的史蒂芬·凯派林（Stephen Kaplin，1957— ），她毕业于康州州立大学，那里有美国唯一的木偶戏本科专业。对戏剧的共同爱好，以及与木偶神似的皮影的魅力，将两人结合成了事业伙伴和生活伴侣，1995 年冯和凯派林联手创立了中国戏剧工作坊（Chinese Theater Works）。1999 年韩佛瑞退休时，认定这对中西合璧的佳偶就是皮影艺术在美国最合适的接班人，“这本是你们中国人的宝贝”，金山传统影戏学会的全部家当于是归到中国戏剧工作坊名下，并于 2001 年正式合并。

二十多年来，中国戏剧工作坊一共自编自导自演了三十余出跨界、跨文化的原创剧目；尤其夫妇两人合著了《为小空间设计的傀儡戏》，介绍其创造的在幕布前的投影仪上表演小皮影的独特技法。如果说班顿和韩佛瑞女士对皮影艺术的贡献重在传承的话，他们的意义则更多表现在传承基础上的创新。比如，凯派林为百老汇音乐剧《狮子王》亲手制作了用于舞台背景的全部皮影，让这门传统艺术融合进了当下美国主流的娱乐文化中；再比如，献演于尤金奥尼尔戏剧中心和曼哈顿的新城市剧场的《巾帼英雄》，通过花木兰、红线女、佘赛花和秋瑾的历史故事，讲述中华民族"忠孝节义"的传统价值观。故事跨越千年，手法却极为酷炫：极少的中英文台词，配合多样的视觉艺术和古筝、二胡和堂鼓等现场音乐。舞台分为三区：大幅影戏在正中的大幕后演出，皮影、剪纸和各种物品投影在幕布上，用黑白剪影的效果转换田园、战场、家庭等故事背景；大幕之前是京剧、布拟偶等形式的真人表演；左边另设小舞台，以小杖木偶演出四人短剧。传统技艺与现代影戏交相呼应，虚实相生，缤纷夺目。

从 1904 年贝特霍尔德·劳费尔博士将中国皮影带到美国，到 2017 年中国戏剧工作坊两度回到中国培训跨界皮影师资，百余年时光流转。坦率地讲，不论是在时间上、空间上还是在社会阶层上，皮影戏都与上述故事的主人公有着相当遥远的距离，那么，究竟是什么让这些异乡人对中国皮影戏保持了如此强烈而又长久的兴趣呢?

劳费尔博士和他的博物馆收藏是这部百年传奇的巨大背景。1903 年他从西安致信他的导师博厄斯，“中国属于所有对人类学感兴趣的人”，这两位胸怀宽广并深具历史关怀的学者，超越了他们所处的资本主义上升时期探险家和冒险家们猎奇且急躁的扩张心理，深知博物馆在文化记忆和社会记忆等全人类文明维护中的核心地位。正是他们在美国博物馆工作中对东方尤其是中华文明的珍视，使得包括中国皮影在内的其他优秀文化的大量实物载体得以完善存留至今，并通过对它们持续的收集、整理、研究和展示，激发了一代代的美国民众对多元文化的好奇、理解和尊重。班顿、韩佛瑞与劳费尔的皮影收藏之间明晰的线索，就是最好的证明。

然而，博物馆里无论是多么精心保存的物质遗产，都毕竟是标本式的文化切片。中国皮影在美国的传奇，其可贵之处在于它是活着的传承，三代人以各自的智慧和努力，将与皮影戏相关的物件、技巧、文化观念经由表演实践构建成活态的非物质文化遗产乃至流行的都市新文化。在异文化中的这一个世纪的传播，被迫的变异、必须的适应和主动的革新都是客观存在的。这使其成为一个极好的样本，它在保持皮影表演这个基础因变量的同时，以不断置换语言、观众、时代和音像手段等自变量的形式，刺激着三代美国皮影人的创造力，也促使我们去反思：什么才是真正意义上的文化传承？显然，美国三代人的非凡实践已经告诉我们，博物馆式的文化库存是基础、是源头，是不朽的必须，但却是有不少缺憾的；创新才是有生命力的生生不息的继承。

显然，适应与创新留住了观众，反过来，观众的需要和喜爱又在客观上留住了皮影。中国皮影在美国，形式上的变化是显而易见的，但是她之所以仍旧被观众们认定是中国的，则是因为她保有着一些恒定不变的东西。首先，形式和故事都是纯粹的中国的，是深具诱惑的美和艺术。班顿在她的未刊手稿中写下："中国服装、艺术、建筑、信仰、历史和传说的秘密，都安静地留存在皮影人物的形象中。真是不好说，到底是观众还是演员更享受皮影戏的乐趣。”韩佛瑞对《水浒传》《西游记》和《三国演义》等古典名著烂熟于心，她甚至认为他们的作者是“中国的莎士比亚”，在这些文本基础上的皮影戏，更是经过了一代代民间艺人的实践淬炼，故事结构纯熟，戏剧张力充分，“早已成为经典，所包含的智慧与道德是属于全世界的”。韩佛瑞的话一箭双雕，她在肯定中国皮影戏的艺术性的同时，表达了对其所传达的价值观的充分认同。仁义礼智信，这是深植于中国古典戏曲的精神灵魂，更是民间以具象化了的皮影等戏曲的说唱方式重申的伦理道德，是经过了历史检验的民意民心，构成了中华文明朴素而生动的核心价值观，而正是这些伦理价值赢得了真正有识之士的激赏和赞同。1923 年，劳费尔博士在给博厄斯的信中说，“中华文明和我们的文化一样优秀，甚至在很多方面超越我们，尤其是他们的生活伦理”。他因而认为，“中国这个国家，经历了几千年的古老文明和社会养成，并由此生成了如此完美的纲常伦理，她是不会消亡的”。

2005年《三个女人一台台的戏》剧照，左为韩佛瑞，中为班顿（电脑合成），右为冯。（中国戏剧工作坊授权使用）

2005年，中国戏剧工作坊受邀参加中国河北唐山国际皮影艺术节，表演了原创皮影戏《三个女人一台台的戏》，讲述了三位女士在美国表演一台台中国皮影戏的真实故事。上个世纪三十年代班顿定制带回美国的皮影，七十年代韩佛瑞在美国手制的皮影以及本世纪冯制作的全新材料的影偶，悉数回到了似曾相识的故国，韩佛瑞和冯光宇借着《白蛇传》里白蛇的精灵之口，讲述了这段有缘千里的相逢传奇，并留下一张电脑合成的三人合影剧照。这出戏一举获得了当年的“最佳编剧奖”和“最佳导演奖”等四个大奖。这也许是命运多舛的皮影戏的祖国，对异乡知音的久远致意。

俗尘渺渺，天意茫茫。

似是故人来。

2017年12月18日于纽约公共图书馆

本文以《中国皮影在美国：一段值得铭记的百年流传奇迹》为名，首发于2018年1月30日的《文汇报》“记忆”版。

东哈莱姆的见与证：曼哈顿的精神与玫瑰

我在第三大道高架轻轨的北面兜风，一路看着摩天大楼缤纷掠过。离开市中心模糊的街道，我会驶向一个比一个贫困的街区，路上的汽车也越来越少。距离半里长的一家家光彩夺目的婚礼用品商店几步远的地方，住着被遗忘的人们，在这座银行家之城中，他们随波逐流、漂进贫困。这是城里最暗淡无光的地方。

——阿尔贝·加缪（Albert Camus），

1947 年，《纽约的雨》

我在冬天的“东哈莱姆”住下，在五条大道和四十多条街巷的阡陌里，包裹严实地逛荡了三个月。每个“扫街”回来的傍晚，从纽约地铁6号线110街站台出到地面，我总遇到把在出口问行人讨要一美元的那个中年妇女，对面街口常在的是一个拄着拐杖要咖啡钱的白胡子男人。他们的背后，杂货店门上显眼的位置贴着“接受电子福利转账”（EBT accepted。作者注：困难群体在美国“食物保障计划”支持下可以通过福利卡转账获得免费食物）几个大字，熟食店晃眼的灯泡照在一列列炸鸡腿上，面包店里的杯形蛋糕装饰着过分艳丽的奶油。在肤色暗沉操着西班牙语的人流里，我总会莫名的想起七十年前的加缪。和他一样，我只是个“局外人”，游弋在这座岛屿上恐怕仍旧“最暗淡无光的地方”。

不同的是，加缪来纽约是为宣讲他的主张，此地无非走马观花而已；而我则想来了解这里人们的想法，所以选择在东哈莱姆小住。每个大都市都残留着可能会转瞬即逝的老旧城区，它们因为尚未被政府或者开发商觊觎，还保持着原初自然生长的样子。我总以为，这样的地界也该是人类学关注的“田野”，毕竟城市已然是越来越多人的原乡，而旧城当然更是新都的原乡。这些具有与生俱来品质的社区带有的“原真性”（authenticity），支撑了将公众组织起来的具有社会用途和文化意涵的脆弱社会结构，激发着人们根源于独特时空的个体渴望，也交织着民众对于各类权力不断侵蚀浸润着记忆与情感的熟悉景观的焦虑。

一　欢迎来到“西班牙哈莱姆”（Welcome to Spanish Harlem）

连纽约人自己都说，“东哈莱姆”（East Harlem）恐怕是这座国际化大都市里最后的“老街坊”了，当地人叫这里“艾尔·巴里奥”（El Barrio），西班牙语的字面意思就是“街坊、邻里”。它位于纽约的曼哈顿岛上，哈莱姆河成为它东面和北面自然弯曲的边沿；西面是纽约最繁华的第五大道，南面的边界则是第 96 街。

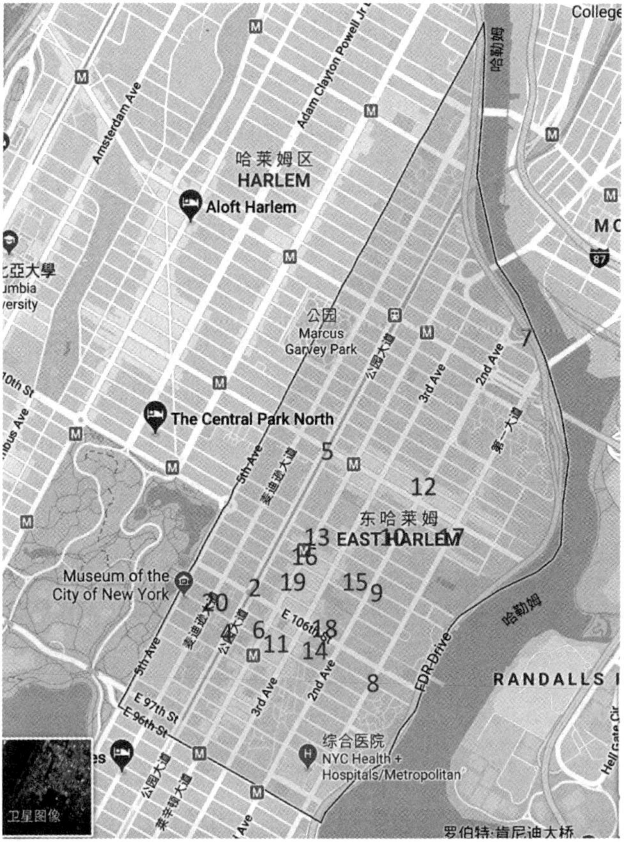

东哈莱姆行政区划略图。粉红色区域为东哈莱姆。
数字标注的是文中所涉墙画的所在地。

贫富一街之隔，96 街以南，就是以奢华高贵著称的所谓“上东区”了。虽然名称上叫做“东哈莱姆”，但是与西边相邻的“哈莱姆”并没有直接关联。只要上街走一走，就能区别开来：上东区是逛不完的高档商场和高雅博物馆，路上多是穿着考究的白人和被雇佣者牵着遛的各类名狗；一路往北则是密集的杂货部和成片的廉租公屋（public house），迎面较多是拉丁裔（Latino）的棕色面孔；紧邻在西边的哈莱姆区被视为非裔美国人的精神与文化之都，街边总有很多黑人站着用英语或法语闲聊；但在东哈莱姆，不少杂货铺、药房和快餐店的服务员是听不懂英文的，他们只会说西班牙语。

本世纪以来，越来越多像销售绿色食品的“天然食物”（Whole Foods）这类符合中产阶级口味的品牌连锁店开进了东哈莱姆，就像它的邻居先走一步的“哈莱姆文艺复兴”计划一样，城市的升级改造也在加速改变东哈莱姆的原貌。它的范围正在缩水，虽然行政区划上是以第五大道为西界，第 96 街为南沿，但是恐怕要往东北缩进不少了。

这是我这个冬天扫街的结论。第五大道以东、第三大道以西、96 街以北和 100 街以南的区域是几乎找不到墙画（mural）的。这是个实在的证据。只有再往东北去，街面上才时不时地会有大小不一的墙画撞入眼帘——东哈莱姆以墙画出名，这名声说不上好也说不上坏——毕竟管理精细的高档社区容不下涂鸦，也不是所有的地方都有以画代言的习俗；但东哈莱姆有这个传统，这里穷，对市容没什么洁癖，也没有他们的南邻那么严格的居委会，怕是纽约最后的露天画室了。经年累月，加上其深厚多元的社区文化氛围，使东哈莱姆的街头艺术在全球范围内逐渐赢得盛名。甚至有人专程到此飙技，“涂鸦名人堂”（The Graffiti Hall of Fame）占据公园大道（Park Avenue）附近的两面墙，由于墙面紧张，为了争夺一席之地，年轻的画师们从 1990 年代开始，每年聚此必有一战。这些大马路沿街的墙画，既非商业广告，也不是宣传海报，出自知名或者不知名的民间画师之手，他们的画作因而也带着某种与街区相伴随的“原真性”。面对它们，总有注视东哈莱姆眼睛的错觉。

涂鸦名人堂，1980 年建立至今，作者为纽约和周边地区年度涂鸦比赛的获胜者。位于公园大道东 106 街和东 107 街之间。

悬挂着的装饰性的波多黎各自治邦旗和美国国旗。
此处为第三大街 1896 号。

60 岁的斯蒂芬是建筑商，第三代意大利裔老纽约客，觉得“东哈莱姆”这个名字一定是房地产商给改的，他揶揄说，名字一改就能成时尚地标了？他还是叫它“西班牙哈莱姆”(Spanish Harlem)，他还记得他的父母叫这里“意大利哈莱姆”(Italian Harlem)。这个街区看来是铁打的营盘，流水的移民。最早移民到此的是爱尔兰人和犹太人，十九世纪末第一批意大利人来到这里，他们在这个街区留下了圣卡梅尔山圣母教堂等遗迹；吉诺维斯家族（Genovese Family）在此成立黑帮，电影《教父》里可以看到不少影子。一战和二战后，意大利人升迁到纽约的其他地方，这个街区随即被拉丁裔和非裔美国人进驻，目前这里仍是纽约市最大的拉丁裔社区之一，移民来自波多黎各、多米尼加、古巴和墨西哥等西班牙语地区，他们把拉丁美洲和南美的街头绘画传统带到了纽约，成为这个大都市里热情的墙画创作者。目前波多黎各人大约占这个社区人口的一半，所以大街小巷悬挂的波多黎各自治邦旗随处可见，墙画上最多的符号也是随心所欲的邦旗图案，人们从这些旗帜和图案里感受得到他们

《欢迎来到西班牙哈莱姆》，多名作者，创作时间不详。
位于东 103 街与公园大道的东北路口街心花园内。

《东哈莱姆》，作者不详，约在 2014 年至 2017 年间。
位于东 116 街与公园大道的西北路口，高层建筑外墙上部。

强烈的“在地感”：这里是我们拉丁人的，“欢迎你们来到西班牙哈莱姆”（Welcome to Spanish Harlem）。本世纪以来，越来越多的华裔从曼哈顿下城搬到这个更便宜的社区，中餐外卖店已经三步一岗。

我确实看到较新的墙画上写的是英文的“东哈莱姆”，当地居民惯用的西班牙语自称倒是一直未变；左下角重现的是凯斯·哈林（Keith Haring）的代表作，右下角画的是旁边北铁火车（Metro-North Railway）的轨道桥，画面上除了标注了公园大道和 116 街路口这幅墙画所在的小店聚集地外，也记录了临近的两幢居民楼 2014 年因煤气管道爆裂而坍塌的事故。对社区的认同感明白无误地溢出来，但是如果细究，恐怕不少细节都不可能令人欢愉。但这大约才是东哈莱姆墙画的格调：所有经历，都是见证。

二　东哈莱姆是不是格尔尼卡？
（Homage to Picasso）

毕加索是西班牙人，1937 年他为巴黎世界博览会的西班牙馆创作了装饰壁画《格尔尼卡》(Guernica), 描绘了德军对西班牙小镇格尔尼卡轰炸后的平民惨状。被践踏的鲜花、断裂的肢体、哀嚎的母亲、身残倒地的战士、濒死长嘶的瘦马……111 街红色砖墙上有一幅画, 会让人不由自主地想起这幅控诉法西斯暴行的不朽之作, 右下角还写着《致敬毕加索》(Homage to Picasso), 但画的显然是纽约——画面四分之三列的位置上, 拉丁裔典型的深棕色头发加重了压抑感, 洋基队 (New York Yankees) 的棒球帽坐实了这就是纽约。1996 年, 刚从康奈尔大学美术专业毕业不久的詹姆斯·德·拉·维加 (James de la Vega), 受以"希望社区"为名的非营利组织的委托, 创作美化社区墙面的装饰画。年轻气盛的詹姆斯对自己生于兹长于兹的社区爱深责切, 直言不讳地重绘了美术史上那个振聋发聩的控诉: 不是炸弹, 而是毒品、暴力和贫穷, 蹂躏着这里的邻居, 格尔尼卡就在我们的脚下!

东哈莱姆曾经毒品泛滥, 这倒是不争的事实, 这也是上个世纪八十年代纽约的缩影。"毒品是魔鬼"(Crack is

《致敬毕加索》，詹姆斯·德·拉·维加于2004年绘制。
位于东104街与莱克星顿大道的东北路口。

wack）至今还在128街室外手球场的混凝土墙上，连带这个运动场也被纽约公园与娱乐管理局用画上的这俚语给重新命名了。这可能是纽约最著名的一幅墙画了，不仅是因为它位于高速公路从东北进出曼哈顿的必经路口，可见度极高；而且更由于这幅画及其作者的真实经历恐怕也是当代美国社会史、艺术史和传媒史的最佳教案。后来位居全球街头艺术家至尊地位的凯斯·哈林，事业初期有一名染上毒瘾的天才助理，叫本尼（Benny），但本尼没有保险，医院不接收，政府不能提供任何戒毒的机构和措施。想帮他的哈林走投无路，在1986年的某个夏日，开着租来的货车，载着扶梯和橙色荧光颜料，在未经许可的情况下，一天之内画了正反两面墙。在短暂的和平围观后，警察逮捕了他。当时适逢里根总统发起“向毒品宣战”运动，这幅墙画的出现引得包括美国全国广播公司（NBC）在内的大量媒体蜂拥而至。《纽约邮报》（New York Post）联系采访哈林，方知作者被捕，舆论大哗。当时力主“反毒品反涂鸦”的市长爱德华·科赫（Edward Koch）也不得不表态，“是要给哈林找个画画

"毒品是魔鬼"(第二版),凯斯·哈林于1986年首绘,位于东128街和哈莱姆河车道(Harlem River Drive)之间的"毒品是魔鬼"手球场内。由于附近市政道路改建,至2019年6月,该墙画仍被部分遮挡保护。

的地方了”，以致开庭的结果只是被罚一百美金而已。戏剧性的是，这幅画随后被当地人恶搞涂改成支持毒品的版本，公园职员慌不择路，索性把整个墙面涂成了灰色；又觉得不妥，联系哈林是否愿意再画，就有了现在看到的样子。这幅画和他之后创作的“非礼勿视、非礼勿听、非礼勿言”系列公共艺术作品，将政府回避种族隔离、艾滋病防治和毒品泛滥的懒政丑态暴露在阳光下。1990年，31岁的哈林因艾滋病离世。然而，他的展览每天都在进行着，因为他创作的媒介，是这个城市；它们不仅涂抹在墙壁上，同样渗入城市的肌理。

档案显示，向最终用户分发毒品（主要是低浓度的“白面儿”，Crack 指的就是这一种）主要发生在以纽约为首的城市低收入中心区，毒品成为该地区社会经济结构必有的成分，暴力和欺诈成为常态，并进一步加快了社会的贫富分化。哈林艺术高峰期的上个世纪八十年代初到九十年代初，美国各大城市的毒品滥用爆发性流行，导致暴力犯罪升级和更为强硬的警察执法。很多当地老人都说，如果是在上个世纪的五十年代至七十年代，像我这样晚上独自上街是不可想象的；八十年代和九十年代，也是很不安全的。我以为历史已经过去，直到我看到了布噶（Booga）的像。这个年轻人的面孔占据了杂货铺的整面侧墙，我留意到他不到24岁就死了。地上几十只蜡烛都有点燃过的痕迹，左边一棵塑料圣诞树遮挡了一行文字，挪开发现写的是“停止暴力”。正在我狐疑的时候，一个中年妇女走过来搭讪，她用夹杂着西班牙语的英文告诉我，这个布噶就住在对街的那幢公屋里，他们在电梯里见过，后来他被警察开枪打死了。他的生日在圣诞节，所以有不少邻居和亲友这些天都来看过他。但她不知道他的死因。这会是又一起平民抗议警察暴力执法的案例吗？循着画面上给出的蛛丝马迹，我在2012年4月13日的《纽约日报》上找到了新闻：鲁道夫·怀亚特（Rudolph Wyatt）诨名布噶，12日午间持枪抢劫离家很近的一家药房，抢得三百美金现钞并勒令药剂师给他两种三十毫克高度致瘾的止痛药。在店员按下报警按钮，巡警搜捕的过程中，他三次扣动扳机，但都卡膛。恰有配枪退休警察经过，从马路对面将其当场

布噶纪念肖像，作者不详，于2012年绘制。
位于东105街与第一大道的西南路口。

击毙。我还找到另外一些信息：布噶是当地黑社会“血”帮“只管要钱”支队的成员，之前曾11次被捕，还被怀疑：在此次案发前一个半月间在纽约的2个区4次抢劫药房（毒品），在另一个州6次枪击一名19岁的少年；在东哈莱姆，9次枪击同一受害者，向另一人点射而致其背部和面部各中15枪和10枪。他的父亲在一起驾车枪战中被击毙，他的叔叔在警察追捕时从楼顶坠亡。我甚至在几个网站上找到了事发时的视频，后面的跟帖更引起了我的关注，有三种代表性的说法：“这种恶棍还在街上晃悠，是因为没人愿意付一年五万美金把他们逮起来。但愿在他们带走更多无辜者之前就在作恶时被击毙吧！”“如果退休警察是白人，我盼望他以后还能执法，但要趁着媒体还没有改变风头。”“在美国每年平均有1200人被警察谋杀，而英国警察24年间只杀了55个。美国警察真是几天干过人家几年啊！”这就是众声喧哗的东哈莱姆：布噶在105街的画像，写着“就这么晃悠下去吧”和“他永远荣耀地活在后来者的心里”，时不时还有蜡烛在烧；这条路也是巡警的工作路线，警察和辅警

《你们论抢，咱就使枪》，作者不详，2018 年绘制。
位于东 110 街与第二大道西南路口。

在这个街区密集巡逻；119 街的那间药房继续营业，警察做掩体的对街加油站还是车来车往；三名疑似被布噶枪击过的受害者都还活着，其中两名就住在他生前居住过的政府提供给赤贫者的最廉价的公屋里。

你得直面东哈莱姆的这些逻辑。我眼见着一幅墙画出现在暴雪之后一步之遥的街口——“你们论抢，咱就使枪”（You loot，We shoot），西装革履的白人戴着“纽约证券交易所”（NYSE）的胸牌。不知道是不是这里的最大黑帮“拉丁王”所为。毒品、暴力和贫困总是交织在一起，因此不难理解，为什么截至 2012 年的数据仍旧显示，东哈莱姆是纽约市失业率最高的地区，少女怀孕、艾滋病、药物滥用、无家可归和哮喘发病等比例都是全国平均水平的五倍。我采访到的两名社工都证实，在她们工作的 2016 年，东哈莱姆有 22 个戒毒治疗项目、4 个无家可归者服务机构和 4 家生活救助站。

失学也因此成为这个社区的一大问题，“书本与孩子”是这个街区多幅墙画的主题。较大的这一幅是去年的创作，选择的三本书恐怕也对应着此地青少年的教育

未名，作者不详，2017 年绘制。
位于第二大道东 112 街和东 115 街之间的东边。

顽疾：《没有图画的书》，这是一本由知名滑稽演员编写的亲子朗读书，曾位居《纽约时报》畅销书排行榜居首；《帮助儿童学数学》，这本小学生的数学辅导书到2014年已经有了第11版；还有一本书是绘本《巴拉克·奥巴马：承诺之子、希望之子》，文字和插图作者都是获得过美国图书馆协会奖的非裔美国人。这幅墙画让我想起引发“希望工程”的那幅著名照片《我要读书》，一样难忘的大眼睛。我在图书馆借到当地青少年的摄影集，配了诗，有一首说：“我不谈论，因为我不想被谈论；不管人们说什么，关于我的面容。我不那么天真，我不那么勇敢；但我确实需要勇气，酷酷地走开去。”1997年还在写诗的少年，现在该是接近了不惑之年了吧。

三　东哈莱姆的精神（The Spirit of East Harlem）

62岁的曼纽尔·维加（Manuel Vega）是波多黎各的第二代移民，他在东哈莱姆的街头长大。我采访他，是在社区平价租给他的一间街面房里，他被允许在这里

《东哈莱姆的精神》，汉克·普鲁斯和曼纽尔·维加于1973年至1978年首绘，1999年由曼纽尔·维加修复。位于东104街与莱克星顿大道东南路口。

开办三个月的工作坊，平价教居民做马赛克玩儿。他在当地小有名气，仅仅这个街区里我就找到了他十多幅墙画和马赛克作品。我问曼纽尔，这里最有名的墙画是你画的吗？他一边哈哈大笑一边把我拉到了莱克星顿大道（Lexington Avenue）路口，四层楼高的《东哈莱姆的精神》（The Spirit of East Harlem）赫然眼前。

1973年，尚在普瑞特艺术学院（Pratt Institute）研读应用艺术的未来设计师和建筑师汉克·普鲁斯（Hank Prussing），带着当时只有17岁还是学徒的曼纽尔，开始创作这幅作品，历时5年才完工。1973年夏天，普鲁斯在这个街区拍下了邻居们的很多黑白照片，如今人们还可以在这堵高墙上的53幅肖像里，依稀辨识出他们：那位牧师、那个寡言的酒窖老板、那个天天抱着弟弟转悠的姐姐、还有裤兜里插着双节棍的李小龙的粉丝、那个艺名叫“闪电”的西班牙语摇滚歌手……1999年，因墙体剥落，曼纽尔着手修复东哈莱姆的这个地标，现在看又有点褪色了。这个街角还保留着城市的传统尺度，柴米油盐仍旧步行可达。曼纽尔说：“这幅纪实的作品，如今倒成了对1970年代社区的致敬了。不过，一直以来，东哈莱姆最有意思的还是这里的人。”

拉丁人有为亡者画像的习俗，在东哈莱姆街上不难看到。曼纽尔就为社区做了不少名人像，由于他对马赛克工艺的偏好，使得灰暗的街道上不时闪现出明丽的色块。安托妮娅·潘多加（Antonia Pantoja）的马赛克像足有一人高，胸前挂着1996年克林顿总统颁发给她的“总统自由勋章”，她是第一位获得美国最高平民荣誉的波多黎各女性。22岁移民纽约的安托妮娅，1954年在哥伦比亚大学获得社会工作硕士学位，1961年创立了“励志社”（ASPIRA），现在已是最大的为拉丁裔青年提供职业和学业指导以及财务及其他援助的非营利组织，总部设在华盛顿特区，在美国的六个州和波多黎各都设有分部。1970年，她创立了以拉丁裔成人教育为主的私立玻利奎阿学院（Boricua college），在纽约有三个校区。1972年，在她的支持下，励志社向联邦法院提起诉讼，要求为拉丁裔学生提供过渡性的西班牙语课堂教学，获得通过，这是美国双语教育史上的重要里程碑。2002年安托

安托妮娅·潘多加纪念马赛克肖像，曼纽尔·维加于2002年制作。位于东117街与第二大道东北路口。

妮娅去世，同年她的自传《梦想家回忆录》(Memoir of a Visionary) 出版。无疑，安托妮娅实现了她作为社会工作者和教育家的理想；但是她作为女性主义者和人权领袖的梦想可能还有未尽之志，她在书中暗示自己是同性恋者，也讨论了为什么之前没有公开自己的性倾向。曼纽尔用金色的马赛克镶嵌上安托妮娅的名言："我就是我，我就是我的社区；是我的全部过往，也是我的所有将来。"

2004 年 3 月，佩德罗 · 彼得里 (Pedro Pietri) 离世，詹姆斯 · 德 · 拉 · 维加当年就为他画了纪念肖像。他们和安托妮娅一样，同是"新波多黎各人"(Ruyorican)，这是一个原本带有歧视意味的新造词语，专指移民到纽约的波多黎各人或者他们的后裔。要把这位前辈老乡描画清楚不是件容易的事情。彼得里是诗人、剧作家、波多黎各移民、东哈莱姆居民、越战老兵，重要的是，他是"新波多黎各人运动"(Ruyorican Movement) 的发起人。彼得里怀有社会主义理想，主张民族自决，同时他对自己用诗歌动员起来的群众运动尤其是武装革命又是怀疑

佩德罗·彼得里纪念肖像，詹姆斯·德·拉·维加于2004年绘制。位于东111街与莱克星顿大道东南路口。

的。“庸众都是蠢驴”，他不断强调宽容和保持人性的重要性，呼吁知识分子保守思想自由。他对宗教是不甚恭敬甚至是有些嘲讽的，但他自称“牧师”，习惯手握一个巨大的可折叠的十字架，穿着黑色的长袍在社区里特立着独行着。他的葬礼在离画像7条街的“第一西班牙卫理公会教堂”举行，这个古老的教堂曾在1969年，被他年轻时就参加的一个激进青年革命党占领并更名为“第一人民教堂”。在这个教堂里，3岁就移民到曼哈顿的那个少年跟随姨妈，做过礼拜演过话剧；1969年，他在这个所谓“人民教堂”里，朗诵了代表作《波多黎各的讣闻》(Puerto Rican Obituary)，有几句非常触目——纽约的波多黎各人“来自紧张衰败的街道，那里老鼠生活得像百万富翁；而人却根本没有生活；他们死了，或者从未活着”。25岁的年轻领袖振臂疾呼，斗争、斗争、斗争啊！彼得里的大部分人生都在“与人斗”，他和这场由诗人、作家、音乐家和艺术家为主导的旨在带领劳苦大众反抗剥削和压迫的文化革命一样，幸与不幸，成败与得失，都很难用一句话来评说。

三十多年前开张在曼哈顿东村的“新波多黎各诗人咖啡馆”（Ruyorican Poets Cafe），如今已是当仁不让的文艺时尚地标；“巴里奥博物馆”（El Museo del Barrio），四十多年后的功能也类似了社区俱乐部。彼得里曾经献身的革命仅存着不多的硕果，如今荡漾着的已是世俗的欢快气息。只有在第二大道和105街这两条交通要道的交汇处，切·格瓦拉（“Che” Guevara）和唐·佩德罗·阿尔维苏·坎波斯（Don Pedro Albizu Campos）还在冷眼面对着现实的车水马龙。前者可谓“中国人民的老朋友”，几代中国人都有他“血色浪漫”的记忆：这位古巴共产党、古巴共和国和古巴革命武装力量的主要缔造者和领导人，老一辈会记得上世纪六十年代他与毛泽东、周恩来的合影；如今他仍是西方左翼运动的象征。上个世纪八十年代，他成了摇滚青年反主流文化的偶像；如今的流行文化里他游走东西，傲娇地仰头在时髦的T恤衫上。左边是佩德罗的肖像，这位会六种语言的哈佛大学法学院高才生是波多黎各独立运动的领军人物，后来成为波多黎各民族主义党的主席。他曾因策划武装起义推广美国在波多黎各的政府而被监禁26年。他们在上个世纪六十年代相继离世，为第三世界共产革命运动抹上了悲壮的色彩；而这也正是“新波多黎各人运动”如火如荼的时期，呼吁民族自决和劳工权力的十张系列墙画出现在纽约街头，如今剩下的却只有这幅《双翼》(Dos Alas）了，2011年在社区的努力下终于征得了业主许可，作为革命文化遗产得以保存。上面题有拉丁美洲女诗人萝拉·罗德里格斯·德·蒂奥（“Lala” Rodriguez de Tio）的诗句，她曾写道：“起来，波多黎各人！武装的号角已吹响；从梦中醒来吧，战斗的时刻已来临。来吧，古巴人。自由就在前方，砍刀才能带来自由。”每每走过，我总要驻足片刻，这是多少当代中国人似曾相识的路口。

在新波多黎各人运动中，音乐家是重要的旗手，能歌善舞的拉丁人提供了一呼百应的群众基础。上个世纪二十年代到六十年代的萨尔萨音乐（Salsa Music）和上个世纪八九十年代的自由式拉丁音乐（Latin freestyle Music)，都在东哈莱姆找到了兴起的温热土壤，1960年代以来更是涌现出一批以铁托·普恩特（Tito Puente）

《双翼》，1960 年代末首绘，原作者不详。1999 年由新波多黎各人艺术家联盟和波多黎各社群（Ricanstruction Networks and Puerto Rico Collective）修复。位于第二大道和第三大道之间的东 105 街西边。

为代表的拉丁音乐流行巨星。这位被称作“音乐教皇”“拉丁音乐国王”的新波多黎各人，将舞曲风格的曼波（dance-oriented mambo）乐风和拉丁爵士乐（Latin jazz）糅合在一起，从此“新波多黎各人音乐”（Ruyoricon Music）就从这个街区传播到了全世界。110街如今用这位格莱美终生成就奖获得者的名字荣誉命名，这位东哈莱姆人心中的天之骄子离世已有18年，但是，他还在老地方，敲击着天巴鼓（Timbales），邀约着老街坊们《跟上我的节奏》（Oyecomova）吧，恰恰恰（cha-cha-cha。作者注：古巴音乐和拉丁爵士的混合，是铁托的标志曲风）。

四　西班牙哈莱姆有玫瑰
（There is a rose in Spanish Harlem）

纽约地铁6号线110街站台的每个出口，都装饰着大型的马赛克墙画。1997年受大都会运输署的委托，曼纽尔·维加设计了这个站台的四幅系列作品，取名为

《跟上我的节奏》，作者和绘制年代不详。位于东 110 街与第二大道西南路口。

《110 街的星期六》。当年 40 岁的曼纽尔把地铁出口处他所熟悉的超市、花店、街道和社区最潮的乐手（包括普恩特的鼓手）都有名有姓地画了出来。如今物是而人非，然而，哪怕是在冬季严寒的午夜站台，还是能感受到 20 年前 110 街夏日午后的闷热气息：大杯的便宜刨冰，可以加各种艳丽的糖浆；消防龙头被淘气的小家伙们拧开冲凉，光着膀子的玩伴在街心赤脚疯闹……东哈莱姆街头，始终弥漫着的，似乎永远都是如此这般“既丑陋难堪又愉悦怡人”的市井味道。

因为真实，生活就颇有质感。“我的心思不为谁而停留，而心总要为谁而跳动。”说这里是曼哈顿的“恶之花”，不仅没有冒犯之意，还多少有些溢于言表的妥帖。这个纽约的移民枢纽，就曾是一首歌里的花儿，“西班牙哈莱姆有玫瑰，月下水泥街头那一边。柔弱甜蜜又梦幻，燃烧卿卿魄灵魂。让我把她摘一朵，种到花房两相看！”那朵玫瑰在哪里？拉丁裔的和非裔的美人儿，还有墨西哥的亡灵，戴着绯红玫瑰的表情比无辜还无辜。从 1960 年代黑人灵魂歌手和蓝调大师班·伊·金（Ben E.

《110 街的星期六》，曼纽尔·维拉于 1997 年设计，纽约大都会运输署制作，位于地铁 6 号线 110 街站台墙上。

《有一朵玫瑰在》，作者为莱西·贝拉（Lexi Bella）和丹妮拉·玛斯特莲（Daniella Mastrian），绘制年代不详。位于东 115 街与第一大道东北路口。

King）的首唱，到1960年代才出生的苏格兰民谣歌手蕾贝卡·碧瑾（Rebecca Pidgeon）的天籁人声，这首《西班牙哈莱姆》一直都是流行歌手歌坛地位的打卡曲目。英语、法语、德语、西班牙语、瑞典语和芬兰语，各种语言各种改编，“西班牙哈莱姆黑色玫瑰”“西班牙哈莱姆蒙娜丽莎”，总之，西班牙哈莱姆成了很多迷惑和迷惘、想象和向往、希望与失望的缘起。

我倒是觉得墙画本身恐怕才是东哈莱姆的爱恨玫瑰，它们土生土长，根植于与之共存者的生活。106街的东面有一座容纳着几个艺术家工作室的建筑，楼下是肯德基炸鸡店。艺术家玛利亚·多明戈斯（Maria Dominguez）带领同一条街上“琥珀特许学校”（Amber charter school）的孩子们，在肯德基的外墙上画了这幅《在一起我们可以》（*Together We Can*），春光无限，万物和谐。两边清楚地写着包括肯德基在内的6个赞助人（单位）、6位驻场艺术家、10位学校教师、13名参与学生的名字。青山常在，绿水长流。我愿意想象2008年在这里读幼儿园到小学五年级的小朋友，如果今天路过这里，会不会认不得

《在一起我们可以》，位于第二大道和第三大道之间的东 106 街的南边。玛利亚·多明戈斯等人于 2008 年绘制。

出自己画过的蝴蝶或者青蛙？会找他们小时候的老师去肯德基喝杯咖啡吗？

必须承认，墙画为这个社区建造了一座巨大的心灵档案馆，不管是如何折射的，它们都是几代人集体认知的见证。每个纽约人都可以在东哈莱姆找到草蛇灰线的关联，它们也因而成为这座城市不可移动的记忆纪念碑。2015年，纽约承办国际性的“纪念碑艺术节”(Monument Art Festival)，邀请世界各地的知名公共艺术家在以东哈莱姆为主的区域绘制大型墙画。这一活动成功催生了“比激进的表达更有诗意，比纯粹的审美更有远见”的“新墙画主义”(New Muralism)，将东哈莱姆的墙画从主题到艺术表现形式，都提升到了世界前瞻性的水平。比利时街头艺术家罗阿（ROA）以他标志性的黑白动物画风在差不多十层楼高的整面墙上，细致白描了四种在地动物，以呼应环保、移民主题并激发对当地历史、地理和文化的想象。在这栩栩如生的巨大的野生动物身体底下穿行，有些汗毛凛凛。是啊，这究竟是谁的地盘谁的地球？其冷峻前卫，在东哈莱姆一骑绝尘。

未名，罗阿于2015年绘制。位于东108街与莱克星顿大道交汇处的“莱克星顿花园公寓”(Lexington Gardens) 外墙面上。

艺名为“信念 47”（Faith 47）的阿根廷艺术家和墨西哥的墙画家塞戈（SEGO）在同一面墙上分别绘制了同一主题的两幅作品，直面移民和欧洲难民危机的世界性难题。塞戈的灵感是自由岛哈德逊河口的自由女神像，他剥去了神像氧化铜的外衣，用印第安人的鸟羽头饰替代了王冠上的剑芒。这是一幅深刻反思的严肃作品，纽约是否还是那个欢迎移民的历史港口？在印第安原住民面前，谁才是所谓移民？自由是否还可以引导人民？左边镂空描画的，是无垠的天空中自由飞翔的鸟群，鸟儿围成的圆圈下面写着西班牙语的“我们彼此相容”（estamostodos los quecabemos）。作为西班牙裔阿根廷人，“信念 47”觉得他的父母当年是择良木而栖。人和动物都有迁徙的天性，鸟儿无忧无虑地飞来飞去，人却被一张纸荒诞地限制着自由；但纽约不失为各种文化共处而并无大碍的范例。

加缪曾经说：“艺术的目的不在立法和统治，而首先在于理解。”关于纽约的这正反两种评价似乎都是事实。纽约是座不折不扣的移民之城，作家埃尔文·布鲁

左边的作者为“信念 47”，右边的作者为塞戈，于 2015 年绘制。位于东 104 街和东 105 街之间麦迪逊大道的西边。

克斯·怀特（Elwyn Brooks White）是纽约人，也是《纽约客》长期的主要作者，他在散文《这就是纽约》里说，是移民点燃了这座"雄心之城"的激情，"造就了纽约的敏感、它的诗意、它对艺术的执着，连同它无可比拟的种种辉煌。"同时，"纽约公民的宽容，不仅是天性，而且是必须。这座城市必须保持宽容，否则就会在仇恨、怨愤和偏执的辐射云中爆炸。纽约郁积了各类种族问题，但引人瞩目的不是这些问题，而是大家相安无事。"这段话与其说是在评说纽约，还不如说是在解释纽约的移民之源东哈莱姆的种种，在解说她的苦痛和她的玫瑰、她的来路和她的去处、她的精神和她的尊严。

第二大道和117街的东北角曾有一家老旧的墨西哥餐厅，也是一家墨西哥舞蹈俱乐部。外墙上本有东哈莱姆第一幅墨西哥人绘制的墙画，画面据说非常"墨西哥"，模仿了赫赫有名的壁画大师迭戈·里维拉（Diego Rivera）的风格，有墨西哥人耳熟能详的南方民族解放战争期间的口号。我去寻访的时候，迎面而来的是推土机的轰鸣，连地基都挖出了深坑。逝者如斯夫，不舍昼夜。

我没有办法沿着时光的河溯流而上，这堵墙究竟曾是什么样子，我完全无法想象。真实的城市是发生过真切的爱恨情愁的地方，我很庆幸在这里还是找到了跨越七十年的片羽光影，借着它们串联出这座城挂一漏万的过往。一座城池于是醒了过来，翻她的老相册给我细看；尽管直面历史是需要勇气的，对于历史的创造者如此，对于历史的后来人也是如此。

我甚至觉得纽约是因为有东哈莱姆这样的街区，而成就了其作为全球卓越城市的伟大，它为共同体、价值观、人权、移民、民族国家、文化遗产等重要领域的理论探索，提供了生动的共时场域；也为政治、经济、文化、宗教等诸多因素之间的博弈与宽容、沟通与理解，展现了历时的实践案例；更在最广泛的群体、个人以及他们的生命记忆面前，保守着诚挚的“温情与敬意”。面对开发奇迹们带来的遗忘代价，我更加敬佩且珍爱，东哈莱姆这层累交织又历历在目的“饱经风霜的容颜”。

就像夏尔·波德莱尔（Charles Pierre Baudelaire）说的：“你我终将行踪不明，但你该知道我曾因你动情。”

2018年2月26日，作者在《东哈莱姆的精神》墙画前采访修复者与原绘制者之一曼纽尔·维加先生。（摄影：崔璨）

注：本文图片的拍摄时间为2017年12月28日至2018年3月18日。

2018年3月12日初稿于纽约曼哈顿东哈莱姆109街

2018年4月13日修订于上海丽娃河畔

本文于2018年4月18日首发于“澎湃网”“思想市场”栏目。

纽约主流文化中的异见者

纽约仲夏的傍晚，我斜跨在“达诺义”(Da Noi)餐馆的吧凳上等人。在很多有些戏谑的报道里，我都读到，那个叫斯科特·勒贝多(Scott LoBaido)的美国民间画家，是很有点特别的：“哥们就一直男，抽万宝路、喝马蒂尼、爱女人们。我就画星条旗，碍着谁了？那是世界上最性感的作品，哥们我心里的蒙娜丽莎。”

勒贝多是第四代意大利裔美国人，这家意式家庭餐馆是他的据点，墙上挂着他的两幅画作，明码标价。其中一幅4500美元，美国国旗图案被六列新闻照片连缀起来，从独立战争、内战到一战、二战直至朝鲜战争和越战，题目比较抒情，《为奶和蜜而献的血》。几乎相同的画面、材质和手法，不能不让我想起贾斯培·琼斯（Jasper Johns）1945 年画的《旗帜》，在现代艺术博物馆攒动的人头之后，不露声色的，是艺术家酷酷的炫技之作；相比之下，勒贝多是有倾诉欲和情绪的。这个 53 岁的男人，驾着雪佛兰越野车，美国五十个州跑过画过好几遍。一幅巨无霸留在德克萨斯，2010 年的 7 月 4 日，在休斯敦霍比机场旁的一家紧固件公司的屋顶，勒贝多献上了 1.5 万平方英尺的“昔日辉煌”（old glory。注：美国人对国旗的昵称），两个足球场那么大的国庆献礼让休斯敦热情满怀。

美国很多地方一如德州，国旗都是爱国主义和文化认同的象征，总归是高尚的，至少是安全的。但在纽约，情形微妙了起来。勒贝多画星条旗二十多年来，光岛上就有几百幅墙画，他也因此小获声名，是“最知名的岛民”；但也备受争议，甚至十多次被拘捕，但让他最恼火的还是至今进不了纽约的正规画廊。

《为奶和蜜而献的血》，斯科特·勒贝多作于2018年，史泰登岛达诺义餐馆内。

走进来的勒贝多，确实比较荷尔蒙，结实健硕，远远地伸出手来狠握了两下，但不是媒体里一贯见到的怒发冲冠的样子，并且拒绝了我为他点马蒂尼酒："今天哥不在状态，我不喜欢自己这样忒干净地和人闲扯。还有，我的狗走了，花了3万还是永别了。"这个母亲和女友都是自由党人的共和党支持者，这个没有孩子把小狗当孩子的纽约人，莫不是有点寂寥了？

一　一条蓝色的裂痕（The Thin Blue Line）

握手的时候，我一眼瞥见他右掌心里用碳水笔写着：22。"美国每天平均有22位老兵自杀。每天早晨我都写一次，提醒自己有多幸运，而这个数字又是多么可悲和可怕。我太理解这种压力了，这个国家和它的媒体热衷报道悲剧，却不屑于给我们时代的真英雄们三个字。"不难理解，为什么退伍老兵、现役警察和消防队员会是勒贝多的数百万捐款的主要受益人，也是他画国旗最多致敬的对象。但如此明确的表态在纽约会有向权力献媚的嫌疑，会因为与《纽约时报》为代表的主流文化中类似反战、同情弱者等“政治正确”的观念相左而招致批评。

2016年7月5日至6日，美国路易斯安那州和明尼苏达州接连发生两起白人警察枪杀黑人男子的案件。7日全国性的示威游行爆发，德克萨斯州的达拉斯市也在晚间举行了近千人的抗议活动，当时有100名警察维持治安。在示威进行中退伍军人黑人迈卡·约翰逊（Micah X. Johnson）向白人警察开枪，造成5名警官死亡，后被遥控炸弹机器人炸死。

勒贝多可以想见的旗帜鲜明，反应迅捷而直观。2016年7月10日他在史泰登岛闹市中心，绘制了一幅巨大的《细蓝线》(the thin blue line)，倒置的旗帜上旋转的线条代表着连绵不绝的泪水。中间深蓝色的“细蓝线”相当醒目——“细蓝线”原是执法用语，象征性地表明执法是在秩序与失范之间、犯罪与受害之间的壁垒；后来常被警察用来自指或者表达对警察的支持，成为警察和消防队员的视觉代号。23日勒贝多在去50个州环游的路上发布脸书（facebook），征集在达拉斯可用于作画的

《细蓝线》，斯科特·勒贝多作于2016年，位于史泰登岛奥提斯大道257-317号外墙。

墙面并得到积极回应，30 日就完成了一幅更大的作品，8 月 1 日晚当地警察开着警车列队，在蓝色国旗的墙画前点燃了蜡烛——“警察的命也是命”（Blue lives matter）!

“警察的命也是命”是“细蓝线”的旗语，是用 2014 年被一名黑人惯犯枪杀的两名无辜纽约警察的命（其中一位是华裔警官李文健）换来的，套用了 2013 年发起的“黑人的命也是命”（Black lives matter）的运动口号。但是在纽约，这样公开的表达是要担风险的，因而勒贝多的墙画甚至有些悲壮的意味。难道不是所有的命都是命吗？一项抗议美国司法中的种族歧视和执法过度的运动，演化成这样的对立，让人怎不唏嘘？

达拉斯事件是本世纪美国发生的针对执法人员死伤最大的单一案件。集会人群中有二三十人公开携带了步枪和手枪，案犯枪响之后，敌我难辨，警方动用机器人杀死嫌犯，这在美国历史上是第一次。德州当年早些时候公开持枪刚刚合法化，合法持枪的州升至 45 个；年中即遭遇惨案，“公民的持枪权利”成为民权民主的吊诡辩题。翻阅当年的报纸，可在 11 日的《纽约时报》上找到时任总统奥巴马的悼词，“疯狂的暴力和种族的仇恨”暴露了“美国民主的断层线”，但“我们并没有所见的如此撕裂”（新闻标题）。这说法太修辞了，既然裂痕已然看得见，又如何佯装亲密无间呢？鲍勃·迪伦（Bob Dylan）唱了五十多年：“答案在风中飘摇，答案在风中飘摇。多少人死后人们才能知道，无数的性命已抛？”

二　不要踩着我（Don't tread on me）

车停在纽约布鲁克林高架线下的巨大阴影里，街对面，塔吊和砂砾堆生硬地袒露在盛夏的烈日里。前面是纽约孟加拉国穆斯林清真寺，门外聚着一群套着素色袍子的男女在叙谈，数名哈西迪犹太教徒穿着棉袍戴着厚圆毛帽低头急行。我略略有些时空恍惚，好在几个塞着耳机绷紧着细腿裤的白人青年，盯着手机像越过路障一般越过了我；而让我确知是在当下的纽约和纽约的当下的，却是面前的墙画《不要踩着我》（Don't tread on me）。

真蒂莱（Gentile）先生有一处亚麻仓库，也许是觉得这个街区太过老旧沉闷了，他请勒贝多在外墙上画了星条旗，差不多12米长7米高。2012年5月14日凌晨1点，监控显示一名穿着套头衫的年轻人在国旗上喷上了黑字："爱国主义让我生病"（Patriotism Makes Me Sick），汉语真还想不出这种说法（估计连这样的念头也从未闪现过），硬要解释，倒是可以套用一句网络流行语："一看到爱国主义，我整个人都不好了。"《布鲁克林日报》23日发了配图新闻，下面的跟帖纷杂，大致两派：反对派说："这该不是占领华尔街的那帮家伙派出的游击队吧？他们太热衷反对国家了。那些'白左'怎么就那么讨厌祖国非要搞什么全球化呢？"支持者也义正词严："这个涂鸦干得好！他'破坏'什么了？我的国满世界地轰炸妇孺，屠杀平民，'屁民'还在允许政府通过国防授权法案这样的荒唐大单，这就'爱国主义'了？"

在纽约，"爱国主义"的确是个有争议的词语。比如纽约是美国众多的"避难所"（Sanctuary）之一。所谓避难所，是指这些州、县、市制定了本辖区的法律或法规，阻止美国移民与海关执法局（ICE）针对嫌疑人员的任何

《不要踩着我》，斯科特·勒贝多约在2010年首绘，2012年修复，2016年后再遭涂鸦。位于布鲁克林区麦克唐纳德大道677号亚麻仓库外墙。

执法。认为“非法移民是个非人道的概念”“国境线的存在是不合理的”“移民是人身自由的天赋人权”的纽约客，在这个观念激荡的大都市里不乏其人。既然地理的国界线是荒谬的，那么思想中的爱国主义自然就是愚昧了。

然而，也有纽约百姓比如仓库老板，他的爱国几乎是本能的；也有勒贝多这样觉得爱国是责任和义务的“斗士”。污损他的国旗激怒了他，2周以后，勒贝多在墙画的左上角添上“不要踩着我”，在右上角加上了进攻中露出毒牙的巨型响尾蛇。这两笔颇有来处：“不要踩着我”曾是美国海军陆战队的格言，它压在一条盘曲着准备袭击的响尾蛇身下，印在正黄色的旗帜上，那是以加兹登（Gadsden）将军的名字命名的美国最早的军旗。

“人若犯我，我必犯人”。但响尾蛇还是没有起到震慑作用，它的身下又被人涂上了黑字，从所写的“卡佩尼克（Kaepernick）”推断，应该出现在2016年后。卡佩尼克是现年31岁的橄榄球运动员。他在2016赛季的第三场季前赛前演奏国歌《星条旗》时，被发现没有站立致敬；第四场他改为跪下而不是像之前那样坐着：“我不会起立向一面压迫黑人和有色人种的旗帜敬礼。”需要说明的是，卡佩尼克本人的生母是白人，生父是黑人，他从小被一对白人夫妇领养长大，卡佩尼克就是养父的姓氏。对卡佩尼克发起的“国歌抗议活动”，评价高度分化：2018 年大赦国际组织授予他“良心大使奖”，更多的橄榄球星开始效仿他，号衫热销；而同时，看到效仿者跪下和举起拳头，有观众离开赛场，电视直播的收视率下滑，包括勒贝多倡议的针对国家橄榄球联盟的抵制活动激增。

风雷动，旌旗奋，是人寰。在各种讲法、说辞、组织和运动的人间风暴里，连不少美国人都惊觉，对这面旗帜公开的明确的憎恨开始流行了；而宣泄着同样炽烈的爱与恨的，也都是美国人民。

三　第四十五任美国总统（POTUS45）

在欧美国家，教育水平较高、生活在大城市的优渥青年多少都有些理想主义，比较容易认同全球主义乃至向往社会主义；而文化精英及其主导的主流媒体又乐于将其立场过度投射，以致舆论虚幻高蹈；而对很多老百姓而言，自家的柴米油盐和自己国家的事情才更关痛痒。纽约作为美国的教育文化之都，理所当然是蓝色（代表民主党）的大本营，有趣的是，史泰登岛却是一块红色（代表共和党）飞地，满大街的星条旗就是纽约别处看不到的景致。

8 月里，因为勒贝多，我接受了一次美国人民的“再教育”。6 日下午我突然收到勒贝多的电邮，“快来，6 点半我要搞个艺术装置，你一定会更感兴趣的！”等我赶到这个以白人工人阶层为主的街区时，一个差不多 7 米高的特朗普画像已经被竖起来了，他环抱双臂，T 恤上写着“第四十五任美国总统”，勒贝多标志性的国旗图案赫然勾勒出“2020”字样。“这就是哥的意思，他必须成为下一任美国总统！”勒贝多的这种做派很多人看不惯，里士满历史古镇博物馆的哈里馆员就当面对我说：“他的政治表达走得太远了，画也算不上艺术，走过路过心不跳。”不过，这边的邻居似乎心跳了，都赶来帮忙，两位光着膀子赤着脚从泳池边跑过来。“我觉得还应该再大些，太酷了。”“他是啥党我不管，反正他的推特我都看得懂，不像那些家伙尽玩虚活儿。”一问，一个是开垃圾车的清洁工，一个是修下水道的。

一名中年白人戴着海军帽从对街走过来，“失业率是不是降低了嘛？我才不管他们要造多少种厕所呢？我只管我要付多少种账单！我就是愿意‘让美国更强大’”。他指着特朗普脚下小丑式的人像，“这丫脑子被打坏了吧？”出演拳击题材的《愤怒的公牛》获得过奥斯卡奖的唐纳德·德尼罗（Robert De Niro），在6月美国戏剧界托尼奖颁奖典礼上，高举双拳，“现在不是要打倒特朗普……”。后半句是粗口被他重复两遍，不少同行起立欢呼。老实说，在看电视新闻时我是有难以名状的尴尬的。

勒贝多和德尼罗以及我遇到的大多数美国人，都认为自己是“言论自由”的捍卫者和践行者。一众德尼罗式的美国精英和主流媒体把特朗普说成是美国所有不幸的罪魁祸首，我一直就颇为怀疑；我更愿意相信本然的事实可能就是，美国种种的衰败以及非理性的争斗，促成了特朗普当选总统的可能性。与其说是勒贝多们选了特朗普，不如说是特朗普加入了他们；你再去问问纽约的白领和公务员，有多少人投票给了特朗普却说是投了希拉里，就会明白这座城里有多少同样确凿的虚伪与需求、主张与猥琐、激情与撕裂。

最近正巧读到鄙校政治系刘擎教授的新作，请允许我抄录在这里："有人想消除身份政治来建构公民政治的共识，有人想避开民族主义来重申世界主义，这些思路用心良苦，但在理论和实践上都可能事与愿违，不是化解分歧而是加深了裂痕。"

四　你看星条旗是不是还在飘扬？
（O say does that star-spangled banner yet wave？）

修车对阿方斯·达利亚（Alphonse D' Elia）而言，爱好多于生意。这个第三代意大利裔美国人，高中一放学就跑到修车行兼加油站做帮工，等老板退休，他索性把铺子盘了下来，一晃他已经六十多岁了。十年前，他叫勒贝多在车行的后墙上画上了国旗，那是这个信誉极佳的车行仅有的固定墙面，因为靠着铁轨，来修车和加油的人其实完全看不见它。“管他呢，我就是喜欢。”他的弟弟汤姆在不远处看管着一家洗车铺，8月里，阿方斯又给勒贝多打电话：“来，再给画一个。都画上，多少钱我无所谓。”我去一看，哇，因为装有自动喷淋洗刷系统，那面墙足有五十米长，酬金相当于中学老师一个月的薪水！“管他呢，我就是喜欢。”勒贝多在墙上画好虚线，夏雨断续，等到天晴，他站在扶梯上刷子滚筒轮番上，干了两三天，汤姆时不时跑出来：“你想喝个啥？”

阿方斯热情直爽，邀我到办公室喝杯咖啡，“不是冒犯你哈，咱美国人的加油站都有这标配”，我一看，墙上两大件：壳牌石油的大壁钟和大幅的裸女挂历，还有他儿子毕业时送给他的诺曼·洛克威尔（Norman Rockwell）的插图画《离家而去》，怀旧、热辣、美国！“你问我为啥画那些个国旗？我就是喜欢。你喜欢干啥就干啥，不喜欢别人也拿你没辙，这就是美国！那愣头青就愿意画个旗子，也能活得杠杠的。”始终闯不进纽约主流文化圈的勒贝多，在平民百姓里倒是很有人缘。

史泰登岛的东南海岸有一座洛雷托山，一百多年前，德拉古戈尔（John Drumgoogle）神父在那里创建了纽约最大的孤儿院兼农场，现在仍是史泰登岛天主教慈善会的所在地。旷辽的原野中间是当年《教父》的拍摄地圣约阿希姆和圣安妮（Saint Joachim-Saint Ann）教堂，当我转到后山时，发现了一个标准集装箱，一眼就认得出上面的星条旗是勒贝多的手迹。后来问到他，说是2012年10月，桑迪飓风掀着5米多高的浪头肆掠史泰登岛，岛上遇难者人数超过纽约遇难总人数的一半。慈善会当即募集救援食品和衣物，装在那个集装箱里运往受灾社区。“我是个艺术家，我得做点儿啥，我给风雨中的人们画了阳光下的国旗。”最是柔情催人泪，洛雷托山像泊在拉里坦湾里的古早驳船，教堂的尖顶是它高耸的桅杆，完成了使命的集装箱披着旌旗，静卧在荒草丛中，仿佛压舱石一般。

这些天我总会想，勒贝多为什么要那么纠结于进不进得到纽约的画廊呢？他的星条旗在屋顶，在街道，在风雨里，在阳光下，与街坊邻居在一起，与生活的故事在一起。画廊本就不是民间艺术生长出生命的地方，而纽约本身也并不只有一种生命。纽约不只有《纽约时报》和《时代》周刊，美国也不只有纽约，尽管它们很多时候代表着美国。

只要走进平民百姓，你就会察觉，美国其实有很多人朴素地喜爱着他们的国旗。在阿迪朗达克山区的一家农家乐，收银台上挂着星条旗，旁边写着："我们的旗帜是自由与解放的标志"。人身自由与思想解放，作为意志的旗帜，自然是人人都心向往之；但它们的具体含义，每个人的理解未必相同，实现它们的路途也可能南辕北辙。在这个只有两百多年历史的年轻国度，人们为之有过论辩与征伐，有过实验与牺牲，直至当下的很多时候我都会感到，尽管是在相同的旗帜下，美国不同社群之间仍旧有着痛彻的撕裂乃至残酷的斗争，但这也是新大陆奉献给人类历史的值得珍视的教训与经验；而这样的

斯科特·勒贝多 2012 年绘于集装箱上，现位于史泰登岛洛雷托山天主教慈善会营地。

实践仍然道阻且长，一如美国国歌的结尾一再问到的：“在这自由的国度、勇士的故乡，你看那星条旗是不是还在飘扬？”

2018年9月6日完稿于纽约史泰登岛

本文以《美国爱国者勒贝多：纽约主流文化的中的异见者》为名，首发于2018年9月18日澎湃新闻网“思想市场”栏目。此处图片有删减。

2018 纽约夏日的碎片

> 我对纽约依然一无所知，我是置身在此地的疯子中间，还是世界上最理性的人中间。纽约令人感动得潸然泪下，愤怒得烈焰升腾。
>
> ——阿尔贝·加缪（Albert Camus），《纽约的雨》

纽约是个碎片。曼哈顿、布鲁克林、布朗克斯、皇后、史泰登岛，五块拼图，桥梁和隧道把它们连起来。但老纽约客也迷路也抓狂，这些年里，路名改得多了起来。

去年冬天他们在塔潘·齐（Tappan Zee）大桥上

集会，抗议带有荷兰开拓者和印第安原住民意涵的老名，在用惯了的六十多年后，突然被官方改成了“马里奥·科莫州长（Governor Mario M. Cuomo）大桥”，此君是前任州长，也是作为民主党人的现任州长的亲爹。纽约指定城市地标曼哈顿市政大楼在矗立了百岁之际，也在2015年被改了名，现在叫“大卫·丁金斯（David N. Dinkins）市政大楼”，他是纽约第一位也是唯一的黑人市长、民主党人。纽约是掩饰不住的优越感，政治领袖、商务精英、文人雅士，风云际会；纽约是民主党人的蓝色版图，永远“文化先进”，永远“政治正确”。但物极必反，一切都无定数。你很难依恋某个特定的场景，这才是纽约的现实之处——它不羁浪荡，是一堆碎片。

不确定“性”

原因也许是，纽约除了不确定性，一无所有。其实连“性”，在纽约也未必可以确定。今年夏天去哥伦比亚大学拜访人类学的前辈老教授时，确实在该校的厕所门

GENDER-NEUTRAL RESTROOMS

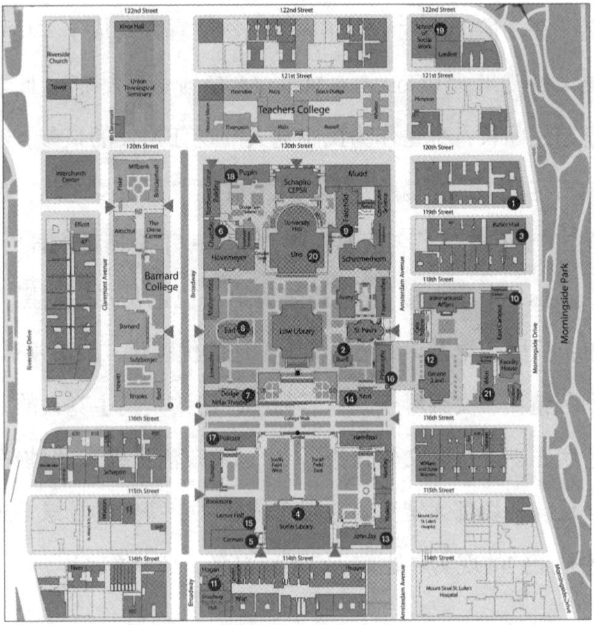

▲ Campus entry points ● Gender-neutral restrooms

1. 90 Morningside Drive—100 ♿ Level Residential and Commercial Operations Suite
2. Buell Hall—100 ♿ & 200 Levels
3. Butler Hall—100 Level Office of the EVP Facilities Suite
4. Butler Library—800 & 900 Level Stacks
5. Carman Hall—100 ♿ Level
6. Chandler Hall—700 ♿ & 800 Levels
7. Dodge Hall—700 Level
8. Earl Hall—100 ♿ Level
9. Fairchild Hall—600 ♿ Level (CUID swipe access is required)
10. Heyman Center—Basement ♿ & 100 ♿ Levels
11. Hogan Hall—Basement ♿ Level (CUID swipe access is required)
12. Jerome Greene Hall—200 (Library) ♿ & 300 ♿ Levels
13. John Jay Hall—200 ♿ Level
14. Kent Hall—600 ♿ Level
15. Lerner Hall—200 & 500 ♿ Levels
16. Philosophy Hall—400 ♿ Level
17. Pulitzer Hall—800 Level
18. Pupin Hall—100 ♿ & 500 ♿ Levels
19. School of Social Work—300 ♿ Level
20. Uris Hall—100 ♿ Level
21. Wien Hall—100 ♿ Level Disability Services Suite

纽约哥伦比亚大学官网下载的“中性厕所地图”，标有该校园内21个社会性别中立的厕所的所在地。

上看见过贴条："请选用最适合你社会性别的厕所。查询校内中性厕所，请见下列网站或下载下列应用软件。"请注意，是说"社会性别"，这座顶级学府显然没有把现任总统特朗普放在眼里，他在去年2月就推翻了前任总统奥巴马的"跨性别厕所令"，后者曾要求"各公立学校""允许学生根据自认定的性别，不必依照出生时的生理性别来使用卫生间和更衣室。"美国很多地方随即冒出不少标有"任意性别（whichever）"标志的厕所，我倒觉得大不如写上汉语的"随便"来得爽。

去年冬天，我去曼哈顿一所知名小学听课，据说家长们大多是银行白领，一进学校，教务长就提醒我，该校在建设"性别包容性（gender inclusive）学校"，"男孩"和"女孩"属于禁忌语。"那我怎么说呢？""你一定要说那个意思，就说'穿蓝色衣服的'和'穿粉色衣服的'。"我学过社会语言学，但还是有点不明白，"那么，如果他们都喜欢穿蓝色的衣服呢？"当我听说"爸爸"和"妈妈"这两个词也因为可能会导致性别诱导，也在禁忌之列时，我第一次困惑于作为读书人曾经相当尊重过的纽约的“政治正确”了。带着诲人不倦的教务长对我的深刻的担忧，我去到我的调查点，讲给建筑工地上的波兰裔工人们听，没料到他们直接就不礼貌了：我不是我妈生的，难道是他妈养的？

当你觉得纽约可以如此这般撒丫子“随便（任意性别）”的时候，也有人千万分地确定起女性的生理性别来：“我也是（Me too）”运动在《纽约客》点燃了燎原之火，惊若了寒蝉的男人们从去岁寒秋就一片片凋零，到今夏，故事突然有趣了起来。其中的关键人物女演员艾莎·阿基多（Asia Argento）在 2017 年 5 月的戛纳电影节演讲，细节丰满地指控绝对有“国际地位与声誉”的导演韦恩斯坦（Harvey Weinstein）性侵；然而今年 8 月的《纽约时报》报道，她向指控她性侵的时年 17 岁的少年，支付了 38 万美元的封口费。“性暴力是关于权利和特权的。即使作恶者是你最喜欢的女演员、活动人士或教授，这一点也不会改变。”“我也是”运动的发起人塔拉纳·伯克（Tarana Burke）毫不犹豫地声明这般，而运动领袖罗斯·麦高恩（Rose McGown）却为她的战友打起了圆场："我们谁都不清楚事情的真相，会有新的情况被揭露出来的。还是和善些吧。"然而，好玩的，她也曾经说："与已知的施害者共事过的人，只需做三件简单的事：相信幸存者，为把工作和钱包置于正义之前而道歉，狠狠痛击并谴责。如果做不到，你就是道德的懦夫。"纽约大学今夏也有反转的戏码。女权主义教授阿维塔尔·罗内尔（AvitalRonell）被她的前研究生、男同性恋者指控长期性骚扰，校方调查后暂停了她的工作。随即学界最著名的女权主义者们联名上书，要求被她们证明"优雅、机敏和有智识担当"的女教授"理应得到与其国际地位和声誉相当的特权"。在掌握所有事实之前，人们应该如何严肃对待一个人名誉和职业生涯毁灭的可能？如何即使不论男女或者非男非女也要始终保持清醒的理性？乃至说确保头脑与生殖器的必须分离或者不可分离——我们以为自己是理性的，一言一行都有其道理。但事实上，我们大部分的行为都有我们根本无法了解的隐蔽的动机。

暴力的欢愉

《欲望都市》(Sex and the City) 里活色生香的纽约，迷幻着曾经中年危机的我们。里面的米兰达，情理之中意料之外地与酒保恋爱，还从曼哈顿搬去了布鲁克林。我因此知道了布鲁克林是工人阶级的聚居地。开播 20 年后，饰演米兰达的尼克松女士非常纽约地携女友高调出柜，竞选纽约州长；而布鲁克林高楼拔起，成了新晋的小清新地标。房租高企与时尚新潮，曼哈顿和布鲁克林一拒一迎，越来越多的千禧一族涌向后者，也和当年的米兰达一样，在灰蒙蒙的本地平民里晃着眼——年轻人的理想主义和中年人的现实主义，互相看不上眼，对逼之下，纽约画星条旗的民间画家勒贝多直接在旗帜上吼出来："不要踩着我"！一项民意调查发现，在 18 岁到 24 岁的美国青年中，支持社会主义的比支持资本主义的比例要高，这点我是信的，但是我不信美国年轻人的左派激进主义和我这个中国中年妇女生活其间的主义真的是同一个主义。

从去年夏天，美国就开始弥漫类似文化“清算”的热风。多地拆除了南北战争中联盟军罗伯特·李将军的雕像，弗吉尼亚为此发生骚乱并出现人员伤亡。9月，中央公园内的哥伦布雕像遭到污损，底座上刷上了“仇恨不可以被宽恕”，并有威胁性的语句：“还会有事发生”。10月，自然历史博物馆门前矗立了78年的前总统罗斯福的雕像底座被泼了红漆。前者被指启动了欧洲对美洲的殖民统治，后者因有过“白人优越”的表述而被认定为“纽约白人霸权最显著的象征”。——从历史的长河里拖出来孤零零地示众，历史人物瞬间变成“争议人物”，甚至被批评有过涉嫌种族灭绝的法西斯行径。对某些美国人而言的“开国元勋”无非是另一些人的“大奴隶主”罢了。特朗普道出美国人的难堪：“难道我们还打算把华盛顿和杰斐逊的雕像也拆除了吗?”有人怀疑这些都是“反法西斯运动组织（Antifa）”所为，这是美国一个自定义的反法西斯激进组织，他们使用直接行动，骚扰他们认定为法西斯主义、种族主义和右翼极端分子的人。他们既有网上“文斗”，又有线下“武斗”，“文攻武卫，针锋相对”。

“暴力的欢愉，终将导致暴力的结局”，莎士比亚写下这句话，是否也指文化的简单粗暴呢？一个极端的例子是，美国国旗竟然也成为被“革命”的对象。福克斯新闻频道8月21日报道，一名叫保罗的民主党男子在俄勒冈州波特兰市参加反右翼机会时，被击裂头骨，原因是他扛着一个“法西斯标记”——星条旗！保罗觉得共和党人爱用国旗以至于国旗要变成他们的了，“民主党人要把它夺回来”，但他恐怕“太傻太天真”了。他的国旗被两名黑衣蒙面的“反法组”成员夺下，另一蒙面者用黑布袋中的钝器把他的头盖骨敲开了10厘米。连纽约的共和党飞地史泰登岛，星条旗也渐成被撕毁和争夺的对象。当地日报《史泰登前进报》去年夏天就报道过岛上的盗毁国旗事件，监控显示多名青年用镜子遮住面部，三人一组撕扯下社区居民家门口的国旗。今年六七月间又有多起见诸报端。8月17日报纸上赫然出现了芳邻德利斯的大名和照片——他门前的“细蓝线”国旗被人粗暴扯下，“我从1963年就住在这个社区，没跟人结过怨。警察不容易，我敬重他们。这些家伙怎么可以侵犯我的私人财产?”7月里，另一街区的托马斯家的旗杆被折断，几户街坊的星条旗都在半夜被扯下，勒贝多马上联系，要给他家的外墙全画上国旗，“看丫的再怎么扯吧”。结果托马斯的太太有些害怕，毕竟家里还有三个很小的孩子。托马斯只能婉拒了勒贝多的好意，但在家门口插上了更多的国旗，包括一面加兹登旗。“不要踩着我!”整个街区的邻居也都如法炮制。原本宁静的街坊一时间旌旗猎猎，真不知道是喜感还是苍茫?

愤怒的小鸟

作为纽约文化主流的民主党或曰左派，正在将一切常识道德化；也倾向于把共和党或曰右派尤其是特朗普的某些言论仅仅当作是他们个人品质的败坏。《纽约时报》9月5日发表评论《我是特朗普政府内部抵抗势力的一分子》，编者按很生猛：“今天采取了一个罕见的做法，刊登了一篇匿名观点文章”，来自“一名特朗普政府的高级官员”，该文称：美国目前动荡的“问题的根源在于总统没有道德观念”，所以“他的政府中许多高级官员都从内部不懈努力，以挫败他的部分议程和最糟糕的倾向，而他还没有完全理解自己所处的这个困境。”特朗普在憋闷了半天之后被惊醒了，在自己的推特放出“愤怒的小鸟”：“所谓的‘政府高级官员’真的存在吗，或者只是失败的《纽约时报》引用了另一个假消息来源？假如这个匿名人士真的存在，为了国家安全起见，《纽约时报》必须把他交给政府！”

《时代》(Time）是全球发行量最大的新闻周刊，今年7月号的一期封面是：洪都拉斯小女孩叶连娜在特朗普总统面前嚎哭。这让人不由得心生怜悯，公众开始炮轰政府迫使骨肉分离的移民政策；但随即剧情反转，在美墨边境非法越境的这个洪都拉斯小孩被多方证实并未被带离过母亲身边。等到知道拍摄这名小女孩的摄影师约翰·摩尔（John Moore）是获得过普利策新闻摄影奖的高级记者时，等到仔细审阅了相关的美国法律和执法实情后，你肯定不会怀疑“在与理性的永恒冲突中，情

《时代》社交网站下载的 2018 年 7 月号的《时代》周刊封面，指涉特朗普的移民政策。

绪从未失手”。封面照片是合成的，照片力图批评的事实也并不存在，那么《时代》周刊有没有误导读者的嫌疑呢？91岁的房东老太太握着遥控器，从福克斯（FOX）转到全国广播（NBC），一个个频道转来转去，“真是活久见了，如今怎么就一个台都没得看，一句话都不可信了呢?”

勒贝多今年夏天在朋友的院子里竖起了巨幅特朗普画像。那个小装修公司的老板告诉我：“我为此装了监控，邻居们也会帮我看着。”我明白他指的是2016年5月选战正酣时，勒贝多竖过4米高的大“T”，支持特朗普，结果8月被人纵火，差点连那家业主的房子都给烧了。勒贝多告诉我，特朗普够义气接地气，直接给他们打去电话，说“哥们在史泰登岛上有我做靠山!”认真想，谁又是谁的靠山呢?

裂痕与光

弗兰西斯·福山教授在介绍其最新的政治学新著

《身份》时指出："民主社会正断裂为按照日益狭窄的身份划分的碎片，这对社会作为一个整体展开商议和集体行动的可能性构成了威胁。在如今的许多民主国家，左派对构建范围更广的经济平等的关注减弱了，转而更多地关注如何促进各个边缘群体利益，如少数民族、移民、难民、妇女和LGBT（作者注：女同性恋、男同性恋、双性恋和转性者）群体。与此同时，右翼将其核心使命重新定义为对传统民族身份的爱国式维护，这种身份通常明显是与种族、族裔或宗教相关。"坏事未必都是坏人干的，人类历史已经有过多少次断送于乌托邦之梦？

第五大道特朗普大厦前时有抗议者和支持者轮番上演各自的剧目，游人们也乐于以他们为背景，拍下最纽约的一景。我不知道如何评价纽约人对特朗普的情感，能想到的只有勒庞在《乌合之众》里写下的句子："人们从未渴求过真理，他们对不合口味的证据视而不见。假如谬误对他们有诱惑力，他们更愿意崇拜谬误。谁向他们提供幻觉，谁就可以轻易地成为他们的主人；谁摧毁他们的幻觉，谁就会成为他们的牺牲品。”

纽约的这个夏天实在是太闷热太躁乱了，各色媒体为我所用地断章取义，国会大法官卡瓦诺的确认听证会接近无赖骂街；9月6日傍晚马克·莱文（Mark Levin）在美国广播公司（ABC）的脱口秀里，抨击着《纽约时报》匿名信以及相关做派的“深刻危害和十足流氓”。这个写过《自由与暴政》的百万量级畅销书作者，直言不讳，“我不管特朗普是谁，他是谁不重要，重要的是美国的三权分立的体制。左派的激进主义正在败坏体制，撕毁美国。我捍卫的是自由，这是这个国家的基石。”他每天傍晚都这么吼2个小时，中气十足。当我准备收笔的时候，收音机里传来另一种金灿灿的气力：9月3日，全球最大的鞋类与服装品牌耐克公司发布最新视频广告，以反对美国国旗而出名的卡佩尼克（Kaepernick）为其配音，广告中的他不像运动员，更像是呼号口号的“革命者”，他的两句台词是：“去相信，哪怕牺牲一切。”还有一句是，“不要问你的梦想是否疯狂，要问是否彻底疯狂”。为有牺牲多壮志。争议人物倒真是自带流量的，哪怕是在美国的劳动节假期。耐克倒是“想做就做（Just do it）”了的，资本的逻辑一如资本的贪婪，政治的逻辑一如政治的凶残。

纽约的一群语言爱好者做过一项有意思的调研，发现在这个超级都市中，正在使用着的语言超过八百种，难怪纽约有它无与伦比的嘈杂。想想因为语言的不通，人类永远无法建成通向天堂的巴别塔，而在纽约更是难上加难的时候，心里就难免悲伤，甚至烦躁。好在每次从史泰登岛到曼哈顿，到圣乔治码头乘坐渡轮，船行至在上纽约湾，辽阔的水面总会一下子让人安静下来。靠近自由岛的时候，还能非常清晰地看见自由女神像，那真是难以名状的惆怅与安慰。“思想解放与人身自由（liberal and freedom）”是美国人常常挂在嘴边的熟语，这两个英文单词都可以翻译成“自由”；而“自由女神”（Statue of Liberty）其实更多指的是“思想的自由”。纽约的不确定性，恐怕就是她思想解放的产物吧，破坏的动能与撕裂的张力，生成了这座城市让你如此愤怒又这样感动的丰富与激情。

2018年夏，阴云下的曼哈顿和自由女神像。

也好吧，就像莱昂纳德·科恩（Leonard Cohen）有首歌里唱的：“一切都有裂痕，这才是光照进的方式。”

2018年9月6日于纽约史泰登岛

本文以《一切都有裂痕，这才是光照进的方式》为名，首发于2018年9月18日澎湃新闻网“思想市场”栏目。

跋：学者、爱人与母亲

和母亲说话，是我们彼此生活里最常见的场景。

话题有大有小，但态度总是颇为慎重甚至盛大的。小时候她给站在大红盆里的我洗澡，我们就谈爱与偶然。后来，我们在行山道上谈美人的样子，在晚安前谈我的男孩和她的恍然大悟，谈明天的菜谱，还有花园的下一个季节。

再后来，评改彼此的文章，成了我们话题中很重要的一个部分。

妈妈的许多文章，我都猛烈地提出过修改意见。比如，一些关于“怎么办”的段落，我就会要求她删去。我以为治学写文章，贯彻智识的快乐已经很不错，不一定非要落到入世的答案里去，当然更多也是怕她惹上不必要的麻烦。但她总坚持，学者最好能对世界多一些真实的关切和诚实的声音。

再比如，作为这个女人用餐饭和时间换来的“第一读者”，我会删去一些坦白的失色的话。很多人看到的她都是洒脱通透的，但她的初稿里，其实常有一些少女初恋般的句子，会意外激动，会犹疑胆怯，会手足无措。

另一个我们常谈的话题是“生命”。我在帮妈妈整理她的长期策划——她要把自己的葬礼设计成一次展览。标题已经取好了，叫《再会了，宝贝儿》。听到荡漾的歌、可爱的句子，她都会叫我加入文件夹留作备用。这个展览目前计划分为三个章节，标题分别是：学者、爱人与母亲。

普遍而言，人生本是有一些方法论的。依照方法论可以省去一些思考、一些挣扎，但我的妈妈偏偏是个不用方法论的人。无论做学者、做爱人或者做母亲，她都似乎完美避开了明明人人都领受过的套路，偏要从头来过。她每次与我谈心，绝不用糊弄的语气或者毋庸置疑的姿态；对待感情，也总是赤子之心不设防备；这种理想化的持守，当然耗费耐心和青春，经历挫败与告别。一样作为女人，我有我的心疼，但我也不得不承认，这是她无比鲜活、无比可爱的地方——一定有许多人都与我一样，以某种身份与她相识，却终于发现她亦师亦友，进入她敞开的生命里。看似严格的身份边界，她用一以贯之的性情消解了。

如今，她继续以这样的性情，行走、写作，以此与更多人沟通，我知道这于她是必然。她是真拿爱人与母亲的态度在做学者的——她还是那位年轻的母亲，对生命有无止境的好奇和观察欲，忐忑、勇敢又心甘情愿；她依然是曾经天真诚挚的爱人，明知华美现实的内里有难堪的熬人，却对努力和意外抱有期待，仍旧一往情深……坦白讲，若不是这样的性情，学者、爱人与母亲，不也都是乏味的差事吗？

后来，我也读学位、写文章，也摸爬滚打学着去做别人的爱人，期盼着以后成为谁的母亲。我和妈妈丰沛的谈话，有给我什么具体的指导吗？也许有一点儿。但更确定的，是这个坚持与我谈话的人给我的信心。她依然诚恳地说话，于是我相信那些正心诚意的过程，那些一再重返的人间烟火，相信岁月会赏赐给勤劳和渴慕的人美丽的皱纹……这种确信，甚至来自我们繁杂絮语中间，那些彼此安然倾听的沉默。

我一直记得，我们在印第安纳大学看一个夜场电影，结束时外面是彻底的夜，从校园影院到小屋的路没有灯，已经完全暗了。我们一路谈话，我和她提起一种说法：可能一个女儿活一辈子，最终无非活成母亲的样子——天上繁星闪耀，我俩走在一起，并不觉得害怕。

第一读者　崔璨

2019 年 4 月上海

致谢

女儿小学的时候作文，写过“旅行，让人谦虚”这样的句子，我当时笑她“为赋新词强说愁”。等我过了不惑之年，开始有机会长时间地在海外工作、访学和调研，我才意识到，这个句子里，有很多年少诚实的好来。

这本书里的文章，几乎都是我在境外居停的时候写的。离开熟悉的环境，好奇心也会野蛮生长，一而再的别离与重逢，让人间歇性地回到青春期的状态，好像写情书，身不由己。

对生命和别离的意味还很不了解的时候，父亲病逝。

等我到而立之年，再看文徵明和安格尔，1980年代前后父亲说给我听的话，一下子溢出来。等我不经意间，给女儿讲一些浪漫的命题，发现身体里静默如谜的东西都醒过来。我看女儿，总觉得是长久的重逢。这样的感受，在旅途中也会有。所谓相遇，都不过是匆忙的离别；但读一本书，或者进入新的文化去的时候，那些匆匆一晤又会款款而来——那些用心记住的告别，最终安然相聚，成为我们生命的生命。

感谢教育部青年骨干教师出国研修项目、香港中文大学中国研究中心访问学者计划的资助，这些机构为我提供了出境长期研究的最初经验。感谢周毅女士、徐坚忠先生、黄晓峰先生和韩少华先生等编辑朋友，他们的视野胸襟和职业修为，像严厉老师的目光，让我心安，又像轻轻的马鞭，催我再上旅途。

感谢上海书店出版社的厚爱，感谢孙语婧女士的用心，让这些零星的见闻感怀，能有机会与大家分享。

我早年的研究生魏梦晓女士撰写了序言，胞兄李明洪先生题写了书名，女儿崔璨小姐到了给我写后记的年龄。到纽约之初，斯蒂芬·加利拉（Stephen Gallira）先生帮助我融入了当地的社区，他也将他的业余画作送给我做封面。

德国诗人里尔克说：“我们只是路过万物，像一阵风吹过。万物对我们缄默，仿佛有一种默契，也许视我们半是耻辱、半是难以言喻的希望。”中国人说，“大风起兮云飞扬”。汉语里的风，是风土、风物、风俗，是风烟、风雅、风情。风，是人间风霜雨雪的比兴，是在不确定的时空里，人穿梭停靠的痕迹。

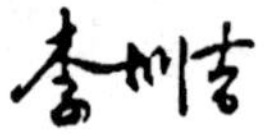

2019 年 5 月上海苏州河畔

图书在版编目(CIP)数据

那是风/李明洁著. —上海：上海书店出版社，2019.9

ISBN 978-7-5458-1847-5

Ⅰ. ①那… Ⅱ. ①李… Ⅲ. ①文化人类学-文集 Ⅳ. ①C958-53

中国版本图书馆 CIP 数据核字(2019)第 194001 号

责任编辑 孙语婧

装帧设计 郦书径

那是风

李明洁 著

出　　版 上海书店出版社
（200001 上海福建中路 193 号）

发　　行 上海人民出版社发行中心

印　　刷 上海商务联西印刷有限公司

开　　本 787×1092 1/32

印　　张 6.375

版　　次 2019 年 9 月第 1 版

印　　次 2019 年 9 月第 1 次印刷

ISBN 978-7-5458-1847-5/C·27

定　　价 35.00 元